Amel Boubendir

L'anayse des interactions entre les aspects

Amel Boubendir

L'anayse des interactions entre les aspects

Vers une analyse précoce et generique

Éditions universitaires européennes

Impressum / Mentions légales

Bibliografische Information der Deutschen Nationalbibliothek: Die Deutsche Nationalbibliothek verzeichnet diese Publikation in der Deutschen Nationalbibliografie; detaillierte bibliografische Daten sind im Internet über http://dnb.d-nb.de abrufbar.

Alle in diesem Buch genannten Marken und Produktnamen unterliegen warenzeichen-, marken- oder patentrechtlichem Schutz bzw. sind Warenzeichen oder eingetragene Warenzeichen der jeweiligen Inhaber. Die Wiedergabe von Marken, Produktnamen, Gebrauchsnamen, Handelsnamen, Warenbezeichnungen u.s.w. in diesem Werk berechtigt auch ohne besondere Kennzeichnung nicht zu der Annahme, dass solche Namen im Sinne der Warenzeichen- und Markenschutzgesetzgebung als frei zu betrachten wären und daher von jedermann benutzt werden dürften.

Information bibliographique publiée par la Deutsche Nationalbibliothek: La Deutsche Nationalbibliothek inscrit cette publication à la Deutsche Nationalbibliografie; des données bibliographiques détaillées sont disponibles sur internet à l'adresse http://dnb.d-nb.de.

Toutes marques et noms de produits mentionnés dans ce livre demeurent sous la protection des marques, des marques déposées et des brevets, et sont des marques ou des marques déposées de leurs détenteurs respectifs. L'utilisation des marques, noms de produits, noms communs, noms commerciaux, descriptions de produits, etc, même sans qu'ils soient mentionnés de façon particulière dans ce livre ne signifie en aucune façon que ces noms peuvent être utilisés sans restriction à l'égard de la législation pour la protection des marques et des marques déposées et pourraient donc être utilisés par quiconque.

Coverbild / Photo de couverture: www.ingimage.com

Verlag / Editeur:
Éditions universitaires européennes
ist ein Imprint der / est une marque déposée de
OmniScriptum GmbH & Co. KG
Heinrich-Böcking-Str. 6-8, 66121 Saarbrücken, Deutschland / Allemagne
Email: info@editions-ue.com

Herstellung: siehe letzte Seite /
Impression: voir la dernière page
ISBN: 978-3-8416-7011-3

Avant-propos

Le développent orienté Aspect (AOSD) est un nouveau paradigme de développement qui fournit un concept explicite pour l'encapsulation des préoccupations transverses. Du point de vue modularité, adaptabilité et évolution, la séparation entre les aspects et les modules de base, réduit les dépendances entre modules et améliore la modularité. Cependant, la complexité des interactions entre les aspects et entre les aspects et les modules de base peut réduire la valeur de l'approche par aspects. L'ingénieur des logiciels a besoin systématiquement détecter et résoudre les conflits potentiels entre les aspects pour pouvoir les composer correctement.

Actuellement, dans les travaux de recherche orientée aspect, le problème d'interaction entre les aspects a été traité en deux axes distincts : Des Approches de test et de vérification formelles, proposées pour des programmes orientés aspect, et des approches d'aspects précoces tel que d'ingénierie des exigences par aspect qui proclame l'avantage du traitement précoce des aspects pour le développement par aspect.

Dans ce manuscrit, nous adoptons une nouvelle stratégie d'analyse ; précoce et générique pour nous attaquer à ce problème difficile.

Comparée aux autres approches d'ingénieries des exigences orientées aspects (précoce), nous adoptons une vue générique qui se base sur l'exploitation des concepts orientés aspects pour un traitement efficace des interactions, de manière à découpler le raisonnement sur l'interaction de la méthode et langage d'identification et composition des aspects.

Nous sommes convaincus qu'il est avantageux de développer une idée commune sur le traitement d'interaction des aspects basé sur les concepts communs, d'où il reste à toutes les approches d'implémenter la solution commune selon leurs mécanismes orientés aspect. Nous avouons que ce problème doit être, géré durant tout le processus du développement, mais nous sommes persuadés que c'est durant les phases précoces qu'on doit développer des spécifications utiles à toutes

1

les phases. Dans ce stade une solution générique peut être utile puisqu'elle peut être adaptée aux autres phases.

Nous proposons ici un cadre générique pour l'analyse des interactions entre les aspects : une approche d'analyse des interactions nommée : GFIA-Aspect (Generic Framework of Interactions Analysis between Aspects), proposée pendant la phase d'analyse des exigences qui permet à l'utilisateur d'identifier les interactions entre les aspects, de détecter et de résoudre les conflits entre eux.

Cette approche d'analyse exploite la localisation des aspects par rapport à la base et les dépendances générées par les opérateurs utilisés pour le tissage d'aspect comme avant, après, autour et remplacer, en outre elle utilise la recherche des chemins Hamiltoniens pour détecter, identifier et résoudre les conflits. Elle a donc introduit de nouveaux concepts pour l'analyse des interactions: le graphe de dépendance, sa fermeture transitive, la recherche des chemins plus long et des chemins Hamiltoniens et aussi la notion de dépendance de résolution.

Remerciement

Nous tenons tout d'abord à exprimer notre très grande gratitude au bon dieu, tout puissant qui nous a donné la volonté d'élaboré ce travail.

Ce manuscrit est le résultat des travaux de thèse de doctorat soutenue à l'université de Constantine 2 – Abdelhamide Mehri.

Nous tenons à exprimer toute notre remerciement et reconnaissance   aux : directeur de la thèse Mr Allaoua Chaoui, Mr Zaidi Sahnoun, Professeur Doyen de la Faculté des Nouvelles Technologies de l'Information et de la Communication à l'Université de Constantine2,   pour son soutien et ses conseils,

et à toutes

Personnes qui ont participé de près ou de loin à l'élaboration de ce manuscrit.

Dédicace

A

La mémoire de ma très chère mère.

Autant de phrase ne sauraient exprimer le degré d'amour et d'affection que j'éprouve pour toi.

Tu m'as comblé avec ta tendresse tout au long de mes parcours, tu n'as cessé de me soutenir et de m'encourager.

Désormais, tu n'es plus avec moi.

Je te dédie ce travail en signe de ma reconnaissance, de ma profonde estime et mon infini amour

Lorsque tu étais présente...

Je sentais le passage du moment

Lorsque tu étais présente...

Je vivais l'amour innocent

Qui simplifiait la difficulté de toutes missions

Et voilà ma chère maman ....

Tu n'es plus avec moi

Pour serrer ma solitude et l'instant

C'était un amour qui n'avait jamais d'équivalent

Tu es toujours dans mon esprit et dans mon cœur,

Que dieux le miséricordieux, t'accueille dans son éternel paradis .

Chapitre 1 : Introduction Générale

1.1 Introduction   11
1.2 Éléments de l'approche orientée aspects   13
1.3 énoncé du problème d'interaction entre les aspects   14
     1.3.1 Définitions d'interactions entres les aspects   14
     1.3.2 Classification des interactions et conflits entre les   16
     aspects
1.4 Motivation et proposition   18
     1.4.1 Motivation   18
     1.4.2 Proposition   18
1.5 Aperçu de l'approche proposée   19
1.5.1 Exemple   21
1.6 Travaux reliés   26
1.7 Organisation du livre   30

Chapitre 2 : Le développement orienté aspects

2.1 Introduction   32
2.2 Qu'est ce que le développement orienté Aspects   32
     2.2.1 Tentative de définition   32
     2.2.2 Historique   33
2.3 Les concepts orientés aspects   33
     2.3.1 La séparation des préoccupations   34
     2.3.2 Préoccupation   34
     2.3.3 La tyrannie de la décomposition dominante   35
     2.3.4 Les préoccupations qui se coupent   37
     2.3.5 Enchevêtrement et dispersion du code   39
     2.3.6 La décomposition aspectuelle   40
     2.3.7 Aspect   41
     2.3.8 La spécification de coupure   43
     2.3.9 Advice   43
     2.3.10 Point de jonction et modèle de point de jonction   44
     2.3.11 La composition aspectuelle : le tissage   45
2.4 La décomposition symétrique et asymétrique   46
2.5 Les approches orientées aspects   47
     2.5.1 La programmation orientée aspect (AOP)   47
     2.5.2 Les filtres de composition   49
     2.5.3 La programmation adaptative   52
     2.5.4 La séparation multidimensionnelle des   54
     préoccupations

2.6 De la programmation orienté aspect vers le   55
développement orienté aspect

2.7 Avantages et évaluation de l'approche orientée   58
aspect

2.8 Problème d'interaction : Discussion   59

    2.8.1 Exemple   59

    2.8.2 discutions   60

2.9 Conclusion   62

Chapitre 3 : Introduction à l'ingénierie des exigences orientée aspects

3.1 Introduction   64

3.2 Les aspects précoces (early aspect)   64

3.3 Le cycle de vie des aspects (les aspects précoces   65
dans le contexte d'AOSD)

3.4 L'ingénierie des exigences orientée aspects   66
(AORE)

    3.4.1 Définition   67

    3.4.2 Objectifs de L'AORE   67

3.5 L'aspect dans la phase d'analyse des exigences   71

    3.5.1 Un modèle de point de jonction pour l'AORE   72

3.6 Caractéristiques des approches d'ingénierie   72
orientée aspect

3.7 Classification des approches d'ingénierie des   74
exigences orientées aspect

3.8 Une version initiale d'un modèle Unifié d'AORE   77

    3.8.1 Processus   77

3.9 Problème de gestion des conflits dans les   79
approches d'AORE

    3.9.1 Classification des interactions entre les aspects   79

3.10 Discussions   80

    3.10.1 Avantages et défis d'AORE : discussion   81

    3.10.2 Problème d'interaction entre les aspects :   82
discussion

3.11. Conclusion   83

Chapitre 4 : Les approches d'ingénierie des exigences orientées aspects

4.1 Introduction   **84**

4.2 L'approche développement orienté aspect avec les cas d'utilisation (AOSD/UC)   **84**

    2.2.1 Processus de l'approche AOSD/UC   85

    2.2.2 Traitement de problème d'interaction entre aspects   86

4.3 Thème DOC de l'approche thème/UML   **86**

    4.3.1 Le processus de l'approche thème/UML   87

    4.3.2 Traitement de problème d'interaction entre aspects   89

4.4 L'approche: les aspects dans les modèles d'exigences orienté buts (Aspects in Requirements Goal Models)   **89**

    4.4.1 Processus de l'approche ARGM   90

    4.4.2 Traitement de conflits entre les aspects   91

4.5 L'approche d'ingénierie des exigences orientées aspect par ARCADE   **91**

    4.5.1 Processus de l'approche Arcade   92

    4.5.2 Composition et règle de composition   94

    4.5.3 Traitement de conflits entre les aspects   95

4.6 L'approche d'ingénierie orientée aspect par UML   **96**

    4.6.1 Processus de L'approche   97

    4.6.2 Traitement de problème d'interaction entre aspects   98

4.7 l'approche composition et validation des interactions par aspect   **98**

    4.7.1 Processus de l'approche   99

    4.7.2 La composition des aspects et L'instanciation d'IPS   100

    4.7.3 Traitement de problème de conflit entre les aspects   102

4.8 approche d'analyse des interactions entre aspects basés sur la théorie de transformation de graphe   **102**

    4.8.1 Processus de l'approche   103

    4.8.2 Automatisation de analyse de conflits et des dépendances par AGG   104

4.9 L'approche un processus de composition des aspects dans AORE   **105**

    4.9.1 Processus de L'approche: 106

    4.9.2 Traitement de conflits entre les aspects: 108

4.10 L'approche intégration d'NFR   **108**
4.10.1 Processus de L'approche :   109
4.10.2 Traitement de problème d'interaction entre   111
aspects
4.11 approche d'ingénierie des exigences orientées   **112**
préoccupation
4.11.1 Processus de L'approche   113
4.11.2 Traitement de problème d'interaction entre   114
aspects
4.12 L'approche séparation des préoccupations multi   115
dimensionnelles d'ingénierie des exigences
4.12.1 Processus de L'approche   116
4.12.2 Spécification des préoccupations et de la   116
composition
4.12.3 Traitement des conflits entre les aspects   118
4.13 Une approche de composition sémantique   **119**
4.13.1 spécifications des exigences avec le RDL   120
4.13.2 La composition avec le RDL   121
4.13.3 Automatisation de l'analyse par l'outil MRAT   122
4.14 discussions sur le traitement d'interactions   **123**
entre les aspects
4.15 Conclusion   **126**

Chapitre 5 : Vers Un modèle pour le traitement des
interactions entre les aspects
5.1 Introduction   **128**
5.2 Aperçu du modèle proposé   **128**
5.3 Le composant d'Identification des aspects   **130**
5.3.1 Identification des préoccupations fonctionnelles   131
5.3.2 Spécification des préoccupations fonctionnelles   132
5.3.3 Identification des préoccupations non   134
fonctionnelles (NFRS)
5.3.4 Spécification des préoccupations non   134
fonctionnelles
5.3.5 Identification des préoccupations transversales   135
5.3.6 Spécification des préoccupations transverses   137
5.4 Le composant d'analyse des interactions entre   **138**
les aspects
5.5 Composant de Composition   **141**

5.6 Exemple   **142**

    5.6.1 Identification et spécification des préoccupations   143
    fonctionnelles

    5.6.2 Identification et spécification des préoccupations   144
    non fonctionnelles (NFRS)

    5.6.3 Identification et spécification des préoccupations   145
    transversales

    5.6.4 analyse et composition des préoccupations   146

5.7 Remarque et discutions   **146**

5.8 Conclusion   **148**

Chapitre 6 : Une technique générique pour l'analyse des interactions entre les aspects

    6.1 Introduction   **150**

    6.2 Eléments de la théorie des graphes   **150**

       6.2.1 Chemins de longueur K et fermeture transitive   152

    6.3 Présentation de la technique   **152**

       6.3.1 La spécification de composition de l'aspect   154

       6.3.2 Détection des interactions entre les aspects   156
       candidats

       6.3.3 Identification des dépendances   158

       6.3.4 Le Graphe de la dépendance et sa fermeture   160
       transitive:

       6.3.5 Détection des conflits entre les aspects   162

       6.3.6 Résolution des conflits   163

       6.3.7 Génération de la règle de composition   165

    6.4 CAS D'ÉTUDE   **166**

       6.4.1 Etape 1: identifier les 'interactions: 168

       6.4.2 Etape2 : génération du graphe de dépendance   168
       initiale et sa transitive fermeture :

       6.4.3 Etape 3: Détection des conflits: 170

       6.4.4 Etape 4: Résolution des conflits :   171

       6.4.5 Etape 5: Régénération du graphe de   172
       dépendance et de la fermeture transitive :

       6.4.6 Etape 6: révision des dépendances fictives: 173

       6.4.7 Etape7: Engendrement de la règle de   175
       composition:

    6.5 Remarques et discutions   **174**

    6.6 Conclusion   **175**

Chapitre 7 : Une approche générique pour l'analyse des interactions entre les aspects

7.1 Introduction   **176**

7.2 Les éléments de l'approche générique d'analyse   **176**

    7.2.1 le modèle d'analyse des interactions   177

    7.2.2 la technique générique de l'analyse des interactions   178

    7.2.3 la stratégie d'analyse   180

7.3 Présentation de l'approche générique   **181**

    7.3.1 l'approche d'analyse des interactions : comment est-elle générique ?   181

    7.3.2 Documentation et spécification gérées   182

7.4 Description par étape   **185**

    7.4.1 les pré-étapes de spécification   186

    7.4.2 Les étapes d'analyse des interactions   187

    7.4.3 Les post étapes de composition   197

7.5 Modélisation de l'approche : vers un support automatique   **198**

    7.5.1 Objectif de la modélisation   198

    7.5.2 Modélisation fonctionnelle   199

    7.5.3 Modélisation statique   200

    7.5.4 Modélisation dynamique   202

7.6 Remarques et discussions   **208**

7.7 Conclusion   **212**

Conclusion Générale   **213**

Annexe   **220**

Références   **222**

1. Introduction générale

1.1 Introduction

Le développement des logiciels et les applications à grande échelle deviennent une tâche très difficile dû à la l'énorme complexité de la fonctionnalité désirée du logiciel, et d'autre part dû aux besoins spécifiques au cycle de vie logiciel et au produit logiciel dont lesquels les ingénieurs logiciels sont confrontés, alors que L'implémentation de certaines exigences souvent non fonctionnels n'est pas toujours bien cernée dans les paradigmes de développement actuels. Des exigences non fonctionnelles telles que : performance, sécurité, convivialité, concurrence, réutilisation, robustesse, facilité d'évolution etc, sont des exigences qui concernent plutôt la conception et la mise en œuvre du logiciel lui-même. Ces exigences contribuent à la qualité globale du logiciel et ne peut être négligés.

Dans les premiers jours, le logiciel a été implémenté par un langage assembleur, cela été très complexe et difficile même pour des applications simples. Puis le paradigme procédural et les méthodes structurés fournissent la notion de procédure et module qui a permit d'améliorer la structure conceptuelle et l'implémentation du logiciel. En subséquent, le paradigme de développement orienté objet a permit d'améliorer encore plus la conception et l'implémentation des logiciels à travers des concepts orientés objets tel que l'héritage, la délégation, l'encapsulation et le polymorphisme. Enfin Le développement orienté aspect (AOSD) est la prochaine étape dans cette suite d'évolution. L'approche orientée aspect est en conséquence un nouveau paradigme qui améliore les autres paradigmes précédents (fonctionnel, objet, composant) au niveau modularité, par l'encapsulation des préoccupations transverses dans une nouvelle unité modulaire nommée aspect.

D'autre part, pour tenir compte de la complexité croissante des applications, et répondre aux différents besoins du système le principe de la séparation des préoccupations a été adopté par différentes approches de développement de logiciels (approche orientée objet, approche orientée composant, les méthodes structurées). Chaque module (classe, procédure...)

11

encapsule certaines préoccupations du logiciel [17]. Toutefois, dans une telle décomposition dominante, l'encapsulation de toutes les préoccupations dans des modules séparés (classe, procédure,..) n'est pas toujours possible [3,2]. Cette décomposition n'est pas adéquate aux préoccupations transverses. On se trouve dans le cas où des préoccupations qui se coupent [2]. Les Préoccupations transverses entraînent deux principaux problèmes pour le développement logiciel: dispersion et enchevêtrement du code [3].

Ces deux problèmes ont un effet négatif sur la qualité du logiciel. Il est très difficile de comprendre et de réutiliser des modules qui souffrent du mélange du code. Aussi il est très difficile d'étendre, d'adapter et de maintenir un logiciel dont la spécification (code) des préoccupations est éparpillée sur plusieurs modules [3,2].

Diverses solutions ont été développées pour palier à ces deux problèmes. Les patrons de conception permettent de séparer où de déférer l'implémentation de certains aspects, mais le problème avec ces patrons est que le nombre de lignes de code augmente facilement et qu'ils sont toujours soumis à certaines contraintes. Le programmeur doit en décider leur utilisation à l'avance dans l'architecture de son système. D'autres solutions "domain-specific" comme les cadres d'application (frameworks) ou les serveurs d'application permettent aux développeurs d'encapsuler des préoccupations qui se recoupent. Les "Enterprise Java Beans" (EJB) par exemple traitent certains aspects tels que la sécurité, la performance et la persistance dans des modules bien localisés. Mais, ces solutions ne couvrent pas toutes les exigences que l'on pourrait rencontrer dans une application. Les aspects non pris en compte par ces architectures posent donc toujours problèmes et nécessitent une réponse adéquate.

Tandis que, l'approche orientée aspect apporte une solution élégante et simple à ce problème. Elle fournit une nouvelle unité modulaire appelée «aspect» pour l'encapsulation des préoccupations transverses.

Malheureusement, malgré que, la technologie orientée aspect promette une meilleure qualité du logiciel par l'encapsulation des préoccupations transverses, leur introduction dans les modules de base peut produire un comportement inconsistant et des anomalies en fonctionnement système. Il reste nécessaire d'identifier les incompatibilités et les conflits potentiels qui peuvent survenir dans le logiciel orienté aspect.

Le problème de traitement d'interactions, identification des dépendances et des conflits est un défi parmi les principaux défis à relever par la communauté de développement orienté aspect (AOSD) afin de permettre une large adoption des technologies orientées aspects.

1.2 Éléments de l'approche orientée aspects :

Le paradigme de développement orienté aspect (AOSD) permet d'implémenter chaque préoccupation indépendamment des autres, Puis elles sont assembler selon des règles bien définies. Les préoccupations transverses sont séparées des préoccupations de base et sont encapsulées dans des nouvelles unités modulaires appelées «aspect» [3,2,14]. Aussi l'approche fournit de nouvelles techniques de composition pour combiner les aspects et les unités modulaires de base (les modules qui encapsulent les préoccupations non transverses) [2]. En conséquence, la modularité du système est améliorée et le système devient facile à maintenir [2].

Les principaux concepts introduits sont celles de *spécification de coupure, point de jonction, Advice* qui peut être inséré avant, après, ou autour d'un point de jonction de la spécification de coupe [3, 2], et aussi le *Tissage:* qui est le processus de composition des aspects et les modules de base. Ces concepts sont généralement acceptés par la communauté orientée Aspects, mais la manière de les spécifier diffère d'une approche par aspect à l'autre [3,2,16].

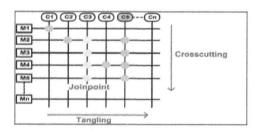

Figure 1.1 : synthèse de l'approche orientée aspect [2]

Figure 1.1 donne une vue synthétique assez claire de l'approche orientée aspect, Ici les modules ont été alignés sur l'axe vertical et les préoccupations sur l'axe horizontal. Les cercles représentent les lieux où les préoccupations transverses (aspect) recoupent et touchent un module (**point de jonction**). Un point de jonction peut être un point au niveau d'un module (tel que classe) ou peut être plus raffiné et concerne les sous parties du module (tel que attribut, opération). La recoupe des préoccupations et la spécification de coupure peuvent être identifiées, si on suit une préoccupation dans le sens vertical (plusieurs points de jonction). Enchevêtrement peut être détecté si l'on suit chaque module dans le sens horizontal (plusieurs points de jonction) [2].

Cette brève présentation de l'approche orientée aspect apparaît nécessaire pour une meilleure compréhension du problème d'interaction entre les aspects.

1.3 Énoncé du problème d'interaction entre les aspects

De point de vue modularité, adaptabilité, la séparation entre les aspects et modules de base améliore la modularité. Cependant, la compréhension et vérification du comportement d'un module nécessitent une compréhension de tous les modules et les aspects qui touchent le module en cours de construction [10]. La complexité des interactions entre les aspects et avec les modules de base peut réduire la valeur de la séparation par aspects. Certaines interactions produisent le comportement prévu alors que d'autres sont source de conflits et d'incohérences inattendues [11]. La détection et la résolution des conflits sont loin d'être une tâche aisée, selon [36]. La détection et la résolution des conflits et l'analyse d'impact des aspects constituent le point clé pour le développement orienté aspects.

En outre, les problèmes d'interaction sont relevants et signifiants pour toutes les phases du cycle de vie de développement logiciel: à partir de l'analyse de besoins jusqu'à la mise en œuvre et souvent les aspects entraîne une grande influence sur les autres préoccupations, en modifiant leurs sémantiques, leurs structures et/ou le comportement attendu du système. Des interactions entre les aspects conduisent à des comportements soit désirables ou indésirables et inattendus [36].

1.3.1. Définitions d'interaction entre aspects :

Il existe de nombreuses et différentes définitions d'interaction entre aspects aussi connues par problème d'interférence et par conséquent différentes approches permettent leur traitement. En ce qui suit, nous citons quelques définitions, telles que décrites dans [57].

- **Definition1** : Un type d'interférence peut survenir lorsque un point de jonction correspond à plusieurs aspects et l'ordre d'exécutions des advices influe le résultat, la possibilité qu'un comportement imprévisible des aspects peut survenir [57].

Dans certains cas il n'y a pas un ordre d'exécution des advices fixe et déterminé par les directives du programme orienté aspect dans ce point de jonction partagé. Cela pourrait conduire à un comportement imprévisible et indésirable du système tissé

- **Definition2** : Un autre type d'interférence entre les aspects est lorsque, suite au tissage d'un aspect, l'ensemble des points de jonction qui correspond à un autre aspect change, de nouveaux points de jonction sont ajoutés ou supprimés par l'aspect qui a été tissé [57]

- **Définition 3** : les aspects interfèrent ensemble lorsque les mêmes variables modifiées par un aspect influencent le comportement d'un autre aspect. Un cas possible de cette influence est si des variables communes sont accédés ou modifiés par deux aspects [57]

- **Definition4** : contrairement à la définition 3, les aspects interfèrent ensemble bien que Les aspects n'ont pas à partager des variables. Une influence indirecte peut se manifester aussi, lorsque une variable modifiée par un aspect peut influer la valeur des variables de la base, en conséquence, pourrait influer des variables ou le flux de contrôle d'un autre aspect [57].

- **Définition 5** : une interférence entre les aspects peut survenir lorsque les aspects ajoutent des attributs ou des méthodes aux classes du système et ces introductions sont contradictoires. Ils peuvent provoquer un comportement ambigu (le comportement du système dépend de l'ordre de compilation) ,un changement non attendue d'implémentation de certaines méthodes héritées,conflits de type et de nom peuvent apparaître ou un échec dans la compilation du système tissé [57].

- **Définition 6 :** Les interférences entre aspect peuvent également surgir si un aspect invalide le résultat attendu d'un autre aspect, bien que chacun des aspects une fois tissé seul, il soit correct par rapport à sa spécification. Une telle interférence peut être décrite comme une contradiction entre les spécifications des deux aspects [57].

En corrélation avec les définitions précédentes, cette définition indique que les interférences peuvent également surgir entre les aspects qui ne partagent pas les points de jonction, ou qui touche les points de jonction de l'autre, ou qui utilise des variables communes. Une telle interférence indique une contradiction entre les spécifications des deux aspects, et donc peut être découverte lors de la transformation des exigences des aspects en langage naturel dans une spécification plus formelle.

- **Definition7 :** un cas plus général d'interaction entre les aspects est également lorsque les spécifications des aspects ne semblent pas contradictoires, mais l'implémentation de l'un d'eux cause l'insatisfaction des autres aspects et leurs résultats attendus ne sont pas achevés [57].

1.3.2 Classification des interactions et conflits entre les aspects

Afin de fournir une liste des questions que les développeurs doivent être conscients. Les travaux du workshop sur l'analyse des logiciels orientés aspects [36] ont permis d'identifier et de discuter quatre principales catégories de conflits et d'incohérences dans le logiciel orienté aspect :

1.3.2.1 Spécifications transverses : l'utilisation actuelle des points de jonction pour la spécification des aspects et leurs localisations où ils doivent être insérés, peut conduire à deux problèmes: les *points de jonctions accidentelles* et la *récursivité accidentelle.* le problème des points de jonctions accidentelles capture les cas où accidentellement le comportement des aspects est inséré à des mauvaises et indésirables localisations (point de jonction). Cela peut se produire par exemple lors de l'utilisation des wildcards dans AspectJ, cependant, la récursivité accidentelle se réfère à la situation lorsque le comportement de l'aspect lui-même correspond à une spécification de point de jonction conduisant à la récursivité. [36] des points de jonctions intentionnelles peuvent rendre ce problème plus facile à détecter et à éviter [36].

1.3.2.2   Conflits Aspect-Aspect. Aussi appelé *interaction des aspects*, ce genre de problème ce produit Lorsque plusieurs aspects co-existent dans un système. Les aspects dans ce cas peuvent être en conflit, et on identifie ici cinq types d'interaction [36]:

> *1.3.2.2.1 L'exécution conditionnelle* : où l'application d'un aspect dépend d'un autre aspect qui doit être appliqué pour son bon fonctionnement.

> *1.3.2.2.2 Exclusion mutuelle :* c'est le cas où la composition d'un aspect implique qu'un autre ne doit pas être composé.

> *1.3.2.2.3 Conflit d'ordre :* lorsque les aspects influencent le même point dans la préoccupation de base.

> *1.3.2.2.4 Conflit d'ordre dépendant du contexte dynamique :* la différence avec le type précèdent consiste que l'ordre des aspects dépend de l'état dynamique du système et du contexte dans lequel les aspects soient appliqués;

> *1.3.2.2.5 Négociation des conflits* au niveau d'*exigences et d'architecture (traddoff) :* ce type de conflit se produit lorsque des aspects affectant un même élément pouvant compromettre les besoins et la spécification des uns aux autres [36]

1.3.2.3 Conflits de type Base-aspect: aspects peuvent entrer en conflit également avec les préoccupations de base. Ces types de conflits surviennent lorsque la base se réfère explicitement ou dépendent du comportement d'aspect. Cela peut conduire à des dépendances circulaires entre aspect et de la base [36]

1.3.2.4 Conflits de type Préoccupation. Ce genre de conflit entre les préoccupations se produit lorsque des préoccupations affectent l'exécution ou l'état des autres préoccupations. Un comportement *inconsistant* peut se produire quand un aspect détruit ou manipule l'état, d'un autre aspect ou de la préoccupation de base, d*es anomalies de composition* peuvent survenir, tel que les problèmes de substituabilité des sous-types [36].

1.4. Motivation et proposition

1.4.1 Motivation

Les aspects sont acceptés comme des préoccupations transverses qui coupent plusieurs composants dans un système. Le développement orienté aspects (AOSD) est un nouveau paradigme qui fournit un concept explicite pour encapsuler et moduler ces préoccupations transverses [1,2].
C'est un domaine de recherche récent et difficile. D'une part, les problèmes principaux ont été définis et traités, et d'autre part, ces problèmes et leurs solutions ont émergé de nouveaux problèmes.
Dans ce contexte, l'idée d'aspects maintient le raisonnement sur les aspects à travers tout le processus de développement [20]. Et pour ce faire, l'ingénieur logiciel doit être équipé avec des techniques qui permettent l'identification systématique, la séparation, la représentation et la composition des aspects [20]. En outre, l'ingénieur des logiciels doit être doté d'outils et méthodes d'identification et d'analyse des interactions entre les aspects. Il a besoin systématiquement détecter et résoudre des conflits potentiels entre eux durant tout le processus de développement logiciel, afin de mieux raisonner sur eux et pouvoir les composer correctement avec les modules de base.

1.4.2. Proposition

Comme l'ensemble des aspects augmente, des systèmes complexes impliquant des aspects apparaissent de plus en plus, et souvent de multiples aspects sont tissés ensemble, différentes préoccupations doivent être traité dans un seul système. Dans un tel cas, l'analyse des interactions entre les aspects du système. Notamment, l'identification des dépendances entre eux et la détection et résolution des conflits potentiels, devient extrêmement importante.

La difficulté du problème favorise le traitement et prise en charge précoce des interactions entre les aspects, de préférence pendant la modélisation du système [10]. Généralement, les approches d'analyse des exigences orientées aspects (AORE) adoptent cette idée [16, 7].

> *"Identifying and managing early aspects helps to improve modularity in the requirements and architecture design and to detect conflicting concern early, when trades off can be resolved more economically" [4].*

C'est pour cette raison que notre contribution aura lieu dans la phase d'analyse des exigences. Malgré cela il reste comme même à les traiter durant tous les autres phases. Plus ou moins, nous pensons que le traitement précoce des aspects et leurs interactions améliore la technologie orientée aspect tout en offrant une solution qui guide le processus de composition.

Nous proposons un cadre générique pour l'analyse des interactions entre les aspects : une approche d'analyse des interactions indépendante du langage et technique d'identification des aspects et de composition, qui permet à l'utilisateur d'identifier les interactions entre les aspects, de détecter et de résoudre les conflits entre eux pendant la phase d'analyse des exigences. Cette approche d'analyse exploite la localisation des aspects par rapport à la base et les dépendances générées par les opérateurs utilisés pour le tissage d'aspect comme avant, après, autour et remplacer, en outre elle utilise la recherche des chemins Hamiltoniens pour détecter, identifier et résoudre les conflits. L'approche proposée dans la thèse est censée être générique car on a surtout exploité les concepts orienté aspects qui la rend indépendante de la méthode ou technique de composition.

1.5 Aperçu de l'approche proposée

La méthode d'analyse des interactions entre les aspects est proposée pendant la phase d'analyse. Pendant cette phase, les préoccupations transverses sont des aspects candidats. L'analyse de leurs interactions constitue une étape précoce qui permet de comprendre leurs interrelations, et de résoudre les conflits potentiels entre eux, en conséquence, conduit à un développement par aspects sans conflits.

Cette méthode nécessite des activités préalables pour s'établir qui sont :

> Identification et spécification des préoccupations fonctionnelles,

> Identification et spécification des préoccupations non fonctionnelles

> et préoccupations transverses.

Egalement, La méthode nécessite des post-activités de vérification et validation. Le système sera composé tout en utilisant les règles de composition produit par l'activité d'analyse. En fin, une fois le système composé est validé, les priorités des préoccupations sont adaptées et fixées en respectant les règles de composition et la spécification composée.

L'approche permet à l'utilisateur d'identifier les interactions entre les aspects, de détecter et de résoudre les conflits entre elles pendant la phase d'analyse des exigences. Elle exploite les dépendances générées par les opérateurs comme avant, après, autour et remplacer. Aussi, elle utilise la recherche de chemins HAMILTONIENS pour la détection et l'identification des conflits.

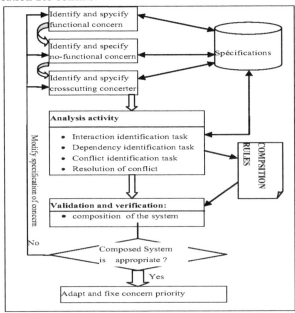

Figure 1.2: un modèle pour l'approche proposée

20

L'approche se résume dans les étapes/activités suivantes:

Etape 1: identifier et spécifier les préoccupations fonctionnelles et non fonctionnelles (NFRs).

Etape 2: identifier et spécifier les aspects

Etape 3: analyse des interactions entres les aspects: comprend les activités suivantes :
- Détecter les interactions entre les aspects.
- Détecter les dépendances entre aspects.
- Détecter et Résoudre les conflits.
- Générer les règles de composition.

Etape 4: vérification et la validation de la composition

Etape 5: adapter les priorités des préoccupations

1.5.1. Exemple

Notre objectif est d'expliquer les idées principales proposées dans cette thèse à l'aide d'exemple simple.

Prenons l'exemple décrit dans [10], il s'agit d'une version simple d'un système « sub way ». Pour utiliser le « sub way », un client doit posséder une carte créditée d'une certaine somme d'argent. La carte est achetée et créditée dans les machines d'achats spéciaux disponibles dans les stations du « sub way ». Le client utilise cette carte dans une machine d'entrée pour initier son voyage. Quand il atteint sa destination, la carte est utilisée dans une machine sortie qui débite un montant dépendant de la distance parcourue. Les portes ne s'ouvrent que si la carte est assez créditée sinon le client doit ajouter de l'argent en se rendant sur une machine d'achat.

- **Etape 1: identifier et spécifier les préoccupations fonctionnelles:**

Le système doit offrir les préoccupations fonctionnelles: *Buycard, Loadcard, Rfundcard, Entersubway et Exitsubway* à l'acteur client. Le diagramme de cas d'utilisation qui spécifie les préoccupations fonctionnelles est illustré dans la figure1.3, où la fonctionnalité *validatecard* a été factorisée après raffinement de la spécification des cas d'utilisations.

21

Toutes les préoccupations fonctionnelles sont spécifiées tel que décrit dans[6].

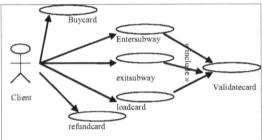

Figure 1.3: le diagramme de cas d'utilisation d'exemple

- **Etape 2: identifier et spécifier les préoccupations non fonctionnelles.**

Les préoccupations non fonctionnelles peuvent être identifiées et spécifiées par la plateforme d'analyse NFRs , on peut obtenir:

Temps de réponse *:* le système a besoin de réagir dans un espace de temps *court*

Précision: seules des sommes correctes doivent être débitées ou créditées à partir d'une carte

Accès multiple: plusieurs passagers peuvent utiliser le système en même temps.

Disponibilité *:* le système et les machines doivent être disponibles lorsque le « sub way » est ouvert.

Sécurité: les informations de la carte doivent être protégées contre les actions illégales.

- **Etape 3: identifier et spécifier les aspects:**

Les préoccupations non fonctionnelles sont généralement transverses. Nous identifions les préoccupations suivantes comme aspects: temps de réponse (*response time*), sécurité (*security*), disponibilité (*availability*), précision (*accuracy*). En plus la préoccupation fonctionnelle *validatecard* est transverse. La table1 montre la relation de coupure des aspects avec les préoccupations bases.

22

	Enter subway	Buycard	Validate card	Exitsubway
Temps de réponse	√			√
sécurité	√	√		√
disponibilité	√	√		
précision	√	√	√	√
Validate card	√			√

Table1.1: identification des aspects

Dans cet exemple, la sécurité est composée des sous préoccupations : S.integrity , S.availability. La préoccupation d'intégrité est composée des sous préoccupations : S.integrity.completness. et S.integrity.accuracy . On examinera ici seulement les cas d'utilisations : *Entersubway*

- le comportement de préoccupation Temps de réponse (RT) enveloppe le comportement du cas d'utilisation Entersubway : (RT autour Entersubway)

- le comportement de la préoccupation Disponibilité (S. Av) chevauche avant le comportement du cas d'utilisation Entersubway: (S. AV avant Entersubway)

- le comportement de la préoccupation Intégrité (S.integrity) chevauche après le cas d'utilisation Entersubway: (S.integrity après Entersubway)

- le comportement de la préoccupation précision (S.integrity.accuracy) enveloppe le comportement du cas d'utilisation Entersubway: (S.integrity.accuracy autour Entersubway)

- le comportement de la préoccupation transverse Validatecard chevauche avant le comportement du cas d'utilisation Entersubway: (Validatecard avant Entersubway)

- et le comportement de la préoccupation précision (S.integrity.accuracy) chevauche avant le comportement du cas d'utilisation Validatecard: (S.integrity.accuracy avant Validatecard).

Activité d'analyse :

1- Identifier les interactions :

23

Les interactions entre aspects sont identifiées et représentées dans la table1.2.

préoccupation intervenant	entersubway	validatecard
client	Validate card, RT, S.AV, S.integrity.AC ,S.integrity	s.integrity.AC

Table1.2: identification des interactions

2 – Générer le graphe de dépendance initiale et la fermeture transitive:

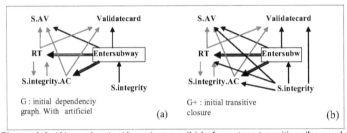

G : initial dependenciy graph. With artificiel (a)

G+ : initial transitive closure (b)

Figure 1.4: (A) graphe de dépendances, (b) la fermeture transitive d'exemple.

3 - Détection des conflits:

Les plus longs chemins	Analyse des plus longs chemins
Ch1 = S.integrité,Entersubway,s.integrity.AC, RT, Vaidatecard	S.AV : non satisfaite
Ch2 = S.integrity,entersubway,RT, S.integrity.AC, sSAV	Validatecard : non satisfaite
Ch3 = Sintegrity, Entersubway,RT, S.integrity,AC, validatecard	S.AV : non satisfaite
Ch4 = S.integrity, Entersubway,RT, s.integrity,AC, s.AV	Validat card : non satisfaite
synthèse d'analyse des conflits (exclusion mutuelle)	**Conflit entre (Validatecard, S.AV)**

Table1.3: chemins plus longs et leur analyse

Pas de chemins hamiltoniens dans la fermeture transitive: il y a conflit. Nous devons trouver les chemins plus longs dans la fermeture transitive et analyser chacun des chemins. Voir tableau 1.3

4- Résolution des conflits :

S. AV est plus prioritaire que validatecard , la dépendance (validatecard→ s.AV) est identifiée et insérée dans le graphe des dépendances.

5 - Régénération de graphe de dépendances et la fermeture transitive

Le graphe de dépendance généré et la fermeture transitive relative sont présentés dans la figure 4.

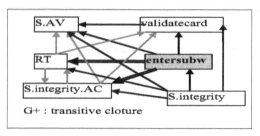

Figure 1.5: le graphe de dépendance régénéré et la fermeture transitive

Les chemins hamiltoniens: sont :

> **Ch1= S.integrité, Entersubway, S.integrity, AC, RT , Validatecard,S.AV**
>
> **Ch2= S.integrity, entersubway, RT, S.integrity.AC, Validatecard, S.AV**

Il faut revoir les dépendances fictives pour ne garder que les dépendances fortes. (S.integrity AC → RT) est faible, elle est supprimée. CH1 n'est plus une solution, la solution retenue est CH2.

6 - Génération de la règle de composition:

Pour le cas d'utilisation Enersubway la règle de composition est la suivante:

> **S.AV >>validatecard>> ((intersubway || RT) || S.integrity.AC) >>S.integrity S. AV>> validatecard>> ((intersubway || RT) || S.integrity.AC)>> S.integrity**

Pour le cas d'utilisation   Validate card la   règle de composition est la suivante:

Validatecard || S.integrity.AC Validatecard || S.integrity.AC

Puisque validatecard est inclus dans le cas d'utilisation   Entersubway, nous pouvons fusionner les deux règles de composition et obtenir une règle de synthèse :

S.AV >> ((Validatecard >> (Entersubway || RT)) ||S.integrity.AC)>>S.integrity S. AV>> ((Validatecard>> (Entersubway | | RT)) | | S.integrity.AC)>> S.integrity

1.6 Travaux reliés

Il y a peu de travaux qui couvrent de manière explicite la problématique d'interaction entre des aspects, dont une grande partie de ces travaux est dirigée vers l'analyse et vérification les programmes orientés aspects tels que [22,11,30,31,32,33…..].

Dans [22] Douance et al. Proposent une première solution à l'interaction entre les aspects. Les auteurs utilisent un langage formel et une analyse syntaxique pour la détection des interactions. Aussi, ils proposent un cadre (framework) pour la résolution les conflits statiques. Cette méthode se concentre essentiellement sur l'analyse du code et se concentre sur une détection sémantique de l'interaction des aspects.

Dans [30] les auteurs Storzer et Kinke proposent une solution permettant la détection des conflits, basés sur l'analyse des traces d'exécution pour détecter les modifications et les divers types d'effets engendrés par les aspects. Bien que les approches dynamiques soient intéressantes, leurs inconvénients majeurs qu'elles soient coûteuses et tardives dans le processus de développement.

 Dans [11], Bergmans et al. S'occupent de problème de conflits sémantiques entre les aspects. A travers leur travail, Les auteurs se concentrent davantage sur l'analyse de conséquences de l'intégration des aspects dans le comportement des classes et ils expliquent la difficulté du problème. L'approche orientée aspects utilisée est les filtres de composition.

Dans [33] , Stayen propose une approche qui traite la détection d'interférence qui survient dans un programme par aspect dû au tissage de plusieurs aspects à un point de jonction communs, lorsque l'ordre d'application des différents aspects conduit à des résultats différents. L'approche simule le tissage des aspects à travers la composition des modèles, représenté par des transformations de graphes du système. Cette simulation donne comme résultat un système de transitions étiquetées qui peut être utilisé pour analyser et vérifier les différentes propriétés du système tissé, et en particulier si les différents ordres d'application d'aspects au point de jonctions communes aboutissent à des résultats différents.

Dans [31], Havinga propose une approche qui traite le problème de conflit entre les aspects lié à l'introduction de classes réalisées par des aspects. Les introductions sont modélisées comme des transformations de graphes. Les conflits détectés sont celles de la violation de conventions de nommage dû aux introductions de plusieurs aspects à la même classe, ainsi que les ambiguïtés en compilation.

Dans [32] Weston et al. propose une approche basée sur l'analyse des flux de données. Qui permet la détection et l'analyse des interactions. Dans cette approche L'interaction se produit lorsque le comportement d'un aspect est influencé par la modification des variables dans les advices d'un autre aspect. Ainsi, si un advice rend invalide une variable dont un autre aspect dépend, l'interférence est trouvée et analysée. Le système AIDA est l'automatisation de cette approche mise en œuvre pour les programmes d'AspectJ .

Dans [55] Dongaha Nguyen et al. propose une approche pour la détection des points de jonction communes pour des langages à spécification de coupure plus riche que celle généralement dans les langages orientés aspect. Des automates VPA sont utilisés pour exprimer les descriptions générales des points de coupe, puis, ces automates sont utilisés pour effectuer une analyse qui révèle les chevauchements dans les points de jonctions.

Dans [56] Katz et al. traite l'interférence sémantique entre les aspects, en utilisant le système à modèle checking . Dans cette approche chaque aspect doit avoir une spécification de garantie, qui décrit tous les suppositions nécessaires pour son tissage dans des systèmes et les garantis résultant après son tissage. Une stratégie de preuve incrémentale basée sur le modèle checking qui vérifie des paires d'aspects est définie. Ces vérifications pour chaque paire d'aspects sont prouvées suffisantes pour détecter des interférences ou de mettre en place une bibliothèque d'aspect dont l'interférence est libre de toute ordre dans une application. L'analyse précoces et la détection de telle interférence dans les bibliothèques des aspects permettront d'aider à la sélection des aspects à appliquer, et à définir l'ordre de tissage [56].

Dans [34] : dû à la grande flexibilité des aspects, et l'engendrement de nombreux conflits les auteurs Tissier et al. proposent une détection dynamique des conflits dans un programme orienté aspect. Il propose une nouvelle approche supportant la détection formelle des conflits et commence par une analyse précoce basée sur les modèles et continuant jusqu'à la programmation. L'approche peut être intégrée dans des environnements orientés aspects.

Dans [35] : Mostafaoui et al. Proposent une méthodologie de modélisation et de vérification des systèmes par aspects. L'approche consiste à s'assurer que l'introduction d'un nouvel aspect ne compromet pas la correction du système initiale et aussi vise à détecter les situations conflictuelles dans le processus de composition. la vérification est appliquée aux modèles développés avec le profil de modélisation des aspects Aspect-UML .ces modèles sont exprimés formellement en réseau de Petri coloré puis vérifiés par un modèle checking

Cependant, un certain nombre de solutions a été proposé pour faire face aux situations conflictuelles durant la phase d'analyse telles que [8, 15, 10, 6,23.51]

Dans [8], Rachid et al. Proposent un modèle générique pour l'analyse des exigences orienté aspects (AORE), tout en se basant sur les points de vue et le langage XML. Dans cette approche, les auteurs identifient les préoccupations et aussi leurs relations. Ils identifient les aspects candidats et définissent en niveau granulaire la spécification de composition de chaque aspect candidats. Les conflits sont détectés et résolus après la composition. Pour résoudre des conflits, les auteurs utilisent une matrice de contribution et l'attribution de priorité aux aspects en conflit. Aussi,

Dans [15] Araujo et al. Présentent une approche pour traiter les préoccupations non fonctionnelles transverses. Le processus passe par l'identification des préoccupations fonctionnelle et non fonctionnelles et l'identification des aspects. Ensuite, ces aspects sont composés dans des modèles UML pour détecter et résoudre les conflits. Les auteurs suggèrent d'étudier d'abord la contribution des préoccupations relativement l'un à l'autre. S'il y a deux ou plusieurs aspects qui contribuent négativement et influencent la même préoccupation base, c'est un cas de conflit. Les auteurs suggèrent de faire un « trade off » avec les intervenants du système et aussi d'attribuer des priorités puis d'effectuer la composition en conséquence.

Dans [10], Mehner et al. Proposent une approche pour l'analyse des interactions entre les aspects sur des modèles UML d'analyse en utilisant un outil de la transformation de graphe. Des diagrammes d'activités sont utilisés pour affiner les cas d'utilisation. Puis, une spécification de la composition des activités est formalisée à l'aide de la théorie de transformation de graphe.

Dans [6] Brito et al. Proposent un processus pour la composition des aspects et les exigences fonctionnelles. Pour résoudre les conflits, l'aspect dominant dont la priorité est la plus élevée est identifié. Enfin, la règle de composition est définie pour chaque « match point » (abstraction de point de jonction) est utilisée pour la composition des préoccupations.

Cependant dernièrement des approches symétrique tel que [9,23,51] d'AORE tirent l'attention et proposent de nouvelles mécanismes pour l'analyse des interactions entre les exigences transverses .

Dans l'approche multi dimensionnelle décrite dans [23] A. Moreira, et al. ont développé des idées et solutions différentes pour le traitement de conflit entre les préoccupations. Ils proposent la notion d'espace de Meta préoccupation qui décrit un ensemble de relation que la préoccupation peut avoir avec d'autres préoccupations. Cela fournit un bon point de départ pour composer et analyser les interactions. Aussi ils introduisent La notion d'intersection de composition qui réduit le nombre de combinaisons de préoccupation à analyser dans une séparation multi dimensionnelle, toute en effectuant une identification et analyse rigoureuse de compromis.

Dans [51] R. Chitchyan, et all propose une approche de composition sémantique, elle est destinée à exposer la sémantique des interactions entre les modules des exigences, ainsi qu'entre les exigences individuelles. Cette approche s'éloigne des approches de composition actuelles d'AORE qui utilisent des références basées sur l'identifiant. Elle utilise la sémantique du langage naturel des exigences, afin de maintenir une composition expressive et significative. L'approche propose un RDL et utilise un outil de traitement de la langue naturel Wmatrix qui annote la spécification des exigences avec la structure SRO (sujet, la relation et l'objet) du RDL[51]. Les annotations du RDL sont utilisées par l'outil d'analyse des Exigences multidimensionnelles (MRAT), qui se concentre sur l'analyse des relations de compositions temporelles de RDL et prend en charge la résolution automatique des conflits basés sur l'ordre temporel implicite des opérateurs de composition. Les points de compromis révélés par MRAT a base des requêtes sémantiques dans la spécification de composition ne révèlent pas seulement les points de jonction partagée, mais aussi exposent les interactions les plus subtiles entre les aspects qui touchent ces points de jonction et des relations indésirables entre les exigences peuvent être exposées et corrigées.

1.6 Organisation du livre

Ce manuscrit est organisé en deux parties : La première est consacrée à une étude synthèse sur le domaine d'étude, et permet d'expliquer les concepts généraux, la diversité d'approches et motive par conséquent les différents choix que nous faisons. Les chapitres inclus dans cette partie sont :

Chapitre2 : état de l'art sur le développement orienté aspect

Chapitre3 : une introduction à l'ingénierie des exigences par aspects

Chapitre4 : état de l'art sur les approches d'ingénierie des exigences par aspect

La deuxième partie concerne notre proposition : le cadre générique pour le traitement des interactions entre les aspects. Elle est détaillée dans les chapitres suivants

Chapitre5 : est consacré à la présentation du modèle pour le traitement des interactions entre les aspects que nous avons proposé, il constitue le contexte d'utilisation de l'approche

Chapitre6 : dans ce chapitre nous expliquons une des plus importante partie de notre contribution, la technique générique pour le traitement des interactions entre aspects. Que notre approche utilise

Chapitre7: basé sur les idées formulées dans les chapitres 5et 6 nous modélisons et détaillons notre approche d'analyse des interactions entre les aspects, celle-ci constitue notre cadre générique pour le traitement des interactions entre les aspects

En fin nous terminons par une conclusion générale.

2. Le développement orienté aspects (AOSD)

2.1 Introduction

Primitivement, L'approche orientée aspect a débuté à l'étape de programmation. La dernière décennie, plusieurs langages de programmation orientés aspect ont été introduits. Parmi les plus importants langages orientés aspect : AspectJ, HyperJ, ComposeJ, et DemeterJ. Puis l'approche a été étendue sur tout le processus de développement.

Dans ce chapitre notre objectif n'est pas de détailler les différents approches orientées aspect présentés. Mais, plutôt De familiariser le lecteur avec les concepts de développement par aspect [16,1]. Les concepts et les problèmes abordés ici ont une portée générale pour tout le cycle de vie logiciel et sur toutes les approches orientées aspect.

2.2. Q'est ce que le développement orienté Aspects :

2.2.1 Tentative de définition

Durant notre recherche la question qui s'est posé toujours est qu'est ce que l'AOSD ? Cependant, il n'y a pas une définition précise acceptée par toute la communauté orientée aspect [2,28]. Les définitions que nous donnons, sont une tentative de définition. On a gardé plutôt les définitions générales.

Definition1 : Le développement orienté aspect (AOSD) est un nouveau paradigme de développement des   logiciels qui complète et améliore les approches de développement modernes   actuels tel que les approches orientées objet et orienté composant. Il fournit des nouvelles techniques avancées   pour la structuration et modulation des programmes tout en s'occupant des préoccupations transverses, qui par conséquent améliore la qualité des logiciels [1].

Definition2 : Le développement de logiciels orientés aspect (AOSD) est un développement qui vise à traiter les préoccupations transversales par fournir les moyens pour leur systématique identification, séparation, représentation et composition. Les préoccupations transversales sont encapsulées dans des modules séparés, nommés aspects, de sorte que leur localisation peut être améliorée [8].

2.2.2 Historique

Le terme développement orienté aspect (AOSD) n'a été inventé que depuis 2002[16,43], mais les recherches et les travaux dans ce domaine ont commencé avant cette date. La communauté orientée aspect est née déjà avec l'avenue de la programmation orientée aspect (AOP) en 1997 [16] et les autres techniques et technologies liées à l'approche qui ce concentraient sur la modularisation des préoccupations transverses. Regroupées dans un seule domaine commun, la programmation orientée aspect et ces approches liées ont fondé le domaine des « techniques avancées de séparation des préoccupations» (en anglais Advanced Separation of Concerns") [16,43,46]. Ces techniques incluent outre la programmation orientée aspect, la séparation multidimensionnelle des préoccupations (Multidimensional Separation of Concerns) [43] la programmation adaptative (Adaptive Programming) [44] et les filtres de composition (Composition Filters) [46]. Puis avec l'avènement de la première conférence internationale « Aspect-Oriented Software Development » en 2002, la communauté orientée aspect adopte ce dénominateur commun pour se référer aux techniques et technologies avancées de la séparation des préoccupations transverses [16].
La programmation orientée aspect a ses origines dans la méta programmation et la programmation réflexive [16], cependant les autres techniques avancées de la séparation des préoccupations ne découlent pas directement de la programmation réflexive, ils proviennent plutôt de la nécessité d'une séparation claire des préoccupations dans les programmes aussi bien que dans les modèles d'analyse et de conception [16].

2.3. Les concepts orientés aspects :

Dans cette section nous expliquons les concepts orientés aspect. Ces concepts sont généralement acceptés par la communauté orienté aspect [16,1, 2, 28]. Bien qu'elles aient leur origine dans les techniques de programmation et essentiellement dans la programmation orientée aspect (AOP), ces concepts ont une portée générale pour tout le cycle de vie. En annexe un tableau extraie de [28] récapitule les concepts orientés aspect et donne une définition précise tel que acceptée par la communauté orientée aspect.

2.3.1 La séparation des préoccupations :

Pour comprendre les idées de l'AOSD nous devons d'abord scruter et examiner le principe de la séparation des préoccupations. La séparation des préoccupations est au cœur de l'ingénierie logicielle. Incontestablement ce principe est considéré comme l'un des principes essentiels en génie logiciel [1,12]. Qui a été inventé pour la 1ère fois par Dijkstra [1] et a été adopté par les approches de développement fonctionnelles, orientées objet, orientées composant, et aussi l'approche orientée aspect.

Généralement, le principe de la séparation des préoccupations se réfère à la capacité d'identifier, de séparer, d'encapsuler et de manipuler uniquement les parties du logiciel qui sont pertinentes pour un concept particulier, objectif, ou un problème [12]. Pour faire face à la complexité du problème (logiciel) et pour pouvoir achever les facteurs désirés de qualité tels que la robustesse, l'adaptabilité et la réutilisation [12].

2.3.2 Préoccupation

En dépit d'un commun accord sur la nécessité de l'application du principe de la séparation des préoccupations, il n'y a pas une compréhension claire de la notion de préoccupation. Dans les méthodes orientées objet les préoccupations séparées sont modélisées comme des objets et des classes, provenant généralement des entités dans le cahier des charges et des cas d'utilisation [1]. Les méthodes structurées représentent les préoccupations comme des procédures. Cependant, l'approche orientée aspect étend le terme préoccupation par des propriétés transverses [12,1].

La tâche de séparer les préoccupations devient donc plus compliquée si on doit traiter beaucoup et divers types de préoccupations. Cela augmente la nécessité d'une compréhension claire de ce qu'est une préoccupation car elle n'est plus limitée à des objets ou des fonctions. On garde cette définition décrite dans [16] et conforme à [12] : *Une préoccupation est un intérêt qui se rapporte au développement de système de, son fonctionnement ou à tout autres problèmes qui sont essentielles ou importantes à l'un des participants au système.*

Ainsi, une préoccupation peut être liée à sa fonctionnalité (par exemple, calculatrice devra contenir une implémentation des opérateurs mathématiques et une implémentation d'une interface utilisateur) et également une préoccupation peut être liée à des exigences non fonctionnelles comme la performance et la distribution sur un réseau [16].

2.3.2.1 La modulation des préoccupations

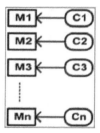

Figure 2.1. Modulation des préoccupation C1..Cn dans les Modules M1..Mn [1]

Le principe de la séparation des préoccupations indique que chaque préoccupation doit être considérée et traitée isolément des autres préoccupations dans le processus développement logiciel. Les ingénieurs du logiciel doivent modulariser leur conception et implémentation séparément.

Les préoccupations qui sont contenus dans un seul module sont relativement faciles à réutiliser, tandis que les préoccupations contenues dans des modules regroupant d'autres préoccupations sont difficilement réutilisables.

2.3.3 La tyrannie de La décomposition dominante

Bien que, La séparation des préoccupations permettent de réduire la complexité du logiciel, augmente la réutilisation et la maintenabilité et améliore la compréhension, incite la traçabilité entre les artéfacts tout au long du cycle de vie logiciel, ces objectifs n'ont pas encore été atteints dans la pratique.   À ce jour, la tyrannie de la décomposition dominante est en réalité l'unique et la plus importante cause de cet échec [12]. La *tyrannie de la décomposition dominante* signifie que l'ingénier des logiciels admet des restrictions (ou la tyrannie) en capacité de représenter les différentes préoccupations. Ces restrictions sont imposées par la technique de décomposition sélectionnée (la décomposition dominante) [12].

C'est principalement parce que l'ensemble des préoccupations significatives varie dans le temps et sont sensibles aux développeurs, aux activités et aux phases de développement, La séparation dominante à travers une dimension d'une préoccupation (un type de préoccupation) peut agréer certains objectifs, tout en empêchant d'autres, aucun critère de décomposition est appropriée dans tous les contextes et pour tous les objectifs [12]. La décomposition dans les systèmes orientés objets facilite grandement l'évolution des détails de la structure des données, cependant, cette décomposition   gène et empêche l'évolution des aspects et les fonctionnalités qui incluent   généralement des méthodes et des variables d'instances dans plusieurs classes [12].

Il faut avouer que multiples dimensions de préoccupation peuvent être pertinentes *en même temps*. Le même logiciel peut être écrit par plusieurs langages avec des dimensions «dominants» différents [12].   Chaque dimension de préoccupation fournit seulement une partie des avantages de la séparation des préoccupations souhaitables, et différentes dimensions plus ou moins utiles aux développeurs, selon leurs rôles, la phase de développement, et l'objectif particulier qu'ils souhaitent atteindre. Cependant, les Langages et méthodes modernes, souffrent de problème appelé la «tyrannie de la décomposition dominante». Elles permettent la séparation et l'encapsulation d'un seul type de préoccupation à la fois. Exemples de décompositions tyran sont les classes en langages orientés objet, les fonctions dans les langages procédurales, et les règles dans des systèmes à base de règle [12]. Par conséquent il est impossible d'obtenir les avantages de dimensions différentes de décomposition dans le cycle de vie logiciel. Les développeurs d'un artefact sont forcés de s'engager à une dimension dominante au début de l'élaboration de cet artefact, et le changement de cette décision peut avoir des conséquences catastrophiques pour l'artefact existant [12].

La décomposition dominante devient épuisante et désagréable dès que les préoccupations d'un développeur à un moment donné au cours du cycle de vie, ne correspond à aucun de ceux qui ont été ou peuvent être encapsulé. Ses symptômes sont la dispersion, l'enchevêtrement des préoccupations, et l'impact des changements élevés [12].

2.3.4   Les préoccupations qui se coupent

Dans l'implémentation des applications actuelles on procède à une découpe dominante du système. Beaucoup de préoccupations telles que les exigences non fonctionnelles sont difficilement prises en compte dans cette décomposition, on se trouve dans un cas où les préoccupations se recoupent. la figure 2.2 explique cette situation, Les préoccupations C3, C5 sont dispersées sur plusieurs endroits, elles coupent les modules M2,M3,M4,et M5 [1].

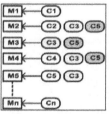

Figure2.2 : préoccupations qui se coupent [1]

Certainement le développement orienté objet est actuellement le paradigme de développement le plus répandu, il permet une séparation des préoccupations par la décomposition d'une application dans des classes. Dans une situation idéale, chaque objet représente l'implémentation et l'encapsulation d'une seule préoccupation. Et Grâce à l'encapsulation, polymorphisme, héritage et la délégation, l'orienté objet fournit déjà un support important pour atteindre cet encapsulation. Mais, malheureusement, il y a encore des préoccupations dont l'implémentation restera toujours répartie dans plusieurs modules [16]. Ces préoccupations qui coupent les autres modules sont appelées préoccupations transverses ou aspect [1,16]. Les préoccupations transverses ne sont pas limitées à l'approche orientée objet, elles peuvent également être observées dans d'autres paradigmes.

Les aspects ne sont pas le résultat d'une mauvaise conception, qui pourrait être refaite et corrigée par une meilleure conception dans laquelle chaque module ne traite qu'une seule préoccupation. Mais, en réalité la séparation de ces préoccupations transverses et leur encapsulation dans des modules séparés n'est pas en principe possible [1,16]

2.3.4.1 Préoccupation transverse : exemple

Une bonne illustration des préoccupations transverses dans une application logicielle a été donnée par Kiczales Dans [25]. Dans Le serveur d'application web Tomcat d'Apache, on considère les préoccupations : XML parsing et la préoccupation logging respectivement visualisés dans le figure2.3 (a),(b) (en rouge). Les modules (classes) d'implémentation de serveur sont visualisés comme des bars verticaux. Cependant la première préoccupation est bien modulée, l'implémentation de la préoccupation logging est répartie sur plusieurs modules.

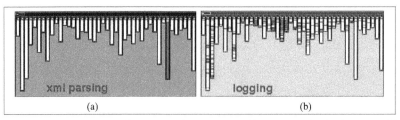

(a)   (b)

Figure2.3 exemple de préoccupation transverse : (a) la preocupation Xml parsing, (b) la préoccupation loging [25]

Les fonctionnalités (features) sont aussi comme les aspects dispersés à travers multiples classes. En implémentant par exemple la fonctionnalité d'affichage, on se retrouvera dans un cas où presque chaque classe a sa propre méthode d'affichage (), la feature d'affichage co-existe et enchevêtré avec d'autres méthodes implémentant d'autres fonctionnalités au sein de la même classe.

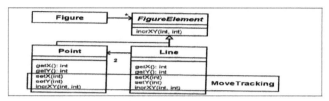

Figure2.4 : Exemple de préoccupation transverse : aspect d'affichage

En titre d'explication la figure 2.4 montre une description UML d'un simple éditeur de figure, d'où La case "MoveTracking" montre un aspect qui recoupe les méthodes dans les classes Point et Line. Bien que La conception orientée objet décompose l'éditeur graphique de manière que les données sont parfaitement localisées, et comme L'éditeur doit garder la position de chaque élément de figure et mettre à jour l'affichage chaque fois qu'un élément a été déplacé, la préoccupation (feature) d'affichage doit apparaître dans chaque méthode de mouvement recoupant les données concernées. Le logiciel pourrait être conçu autour de la fonctionnalité d'affichage, mais alors la préoccupation de données serait recoupée par la préoccupation « mettre à jour l'affichage »[25]. C'est la tyrannie de la décomposition dominante.

Il y' a beaucoup d'autre exemples courants de préoccupations transverses tel que la synchronisation, politiques de gestion des erreurs dans les systèmes multi-thread, renforcement des contraintes temps réel, mécanismes de tolérance aux pannes,... dans[14] une liste d'exemples de préoccupations transverses est présentée et bien expliquée.

2.3.5 Enchevêtrement et dispersion du code :

Puisque nous ne pouvons pas facilement séparer les préoccupations transverses des différents modules, les Préoccupations transverses sont sources de deux graves problèmes : *enchevêtrement* du code et *dispersion* du code

* ❖ **Enchevêtrement du code :** *(en anglais tangling) :* les préoccupations sont mélangées ou enchevêtrées dans un module si ce module inclut et encapsule plusieurs préoccupations à la fois. En titre d'illustration la figure2. 3, montre que les préoccupations C2,

39

C3 et C5 sont enchevêtrées dans le module M2. Notez que la préoccupation C2 n'est pas transverse [1,12,16,].

❖ **Dispersion du code :** (en anglais crosscutting) les préoccupations transverses ne sont pas modulées dans des modules séparés. Chacune de ces préoccupations transverses Exige une implémentation qui est au moins partiellement dispersés sur de nombreux autres modules [1,12,16].

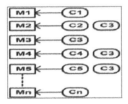

Figure2.5: dispersion du code [1]

Ces deux problèmes entraînent des conséquences négatives sur le développement d'un logiciel. L'enchevêtrement des implémentations rompe le principe de séparation des préoccupations, le module est difficile à comprendre, puisque un seul module contient l'implémentation de plusieurs préoccupations. La réutilisation et maintenabilité et l'évolution des modules et des préoccupations séparées est difficile [16]. A sa part La dispersion de l'implémentation d'une préoccupation transverse à travers plusieurs modules de l'application, rend les préoccupations plus difficiles à comprendre, plus difficile à réutiliser, plus difficile à étendre et à adapter. La maintenance d'une préoccupation presque impossible car elle est répartie sur plusieurs endroits et modules, trouver les endroits où se disperse la préoccupation et avec quelle autres préoccupations elle se coupe est le premier problème, adapter la préoccupation d'une façon appropriée sans effets imprévus sur les autres préoccupations est un autre problème [1.16]. Et Particulièrement le traçage des préoccupations transverses est difficile. Pire encore, l'absence d'une représentation explicite et modulaire des préoccupations transverses, rend impossible leur réutilisation dans d'autres applications.

2.3.6 La décomposition aspectuelle

Pour faire face aux problèmes de préoccupations transverses. AOSD fournit des abstractions explicites appelées aspects pour représenter ces préoccupations, et un problème donné est décomposé en préoccupations non transverses qui peuvent être modularisées dans des modules de base tel que classes,composants ou procédures et des préoccupations transverses encapsulées dans des modules aspects[1] .

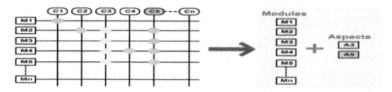

Figure2.6: la décomposition aspectuelle [1]

Ainsi le paradigme de programmation orienté aspect structure les applications en modules indépendants et La décomposition d'une application fait apparaître :

- **des modules de base** : qui définit l'ensemble des fonctionnalités réalisées par l'application. Les modules base correspondent au "Quoi" de l'application.
- **plusieurs modules aspects** : qui définissent les mécanismes qui régissent l'exécution de l'application. Les aspects définissent souvent le "Comment" de l'application.

En outre, La construction d'une application orientée aspect à partir de différents modules nécessite une étape "d'assemblage" afin de "construire" l'application. Les aspects étant des modules définis séparément les uns des autres, doivent être composés entre eux et avec les modules de base [1,16,2]

2.3.7. Aspect

Analogiquement à l'approche orientée objet qui offre des mécanismes explicites pour l'encapsulation et héritage des objets, l'approche orientée aspect prévoit des mécanismes explicites de première classe qui explicitement capturent et encapsulent la structure des préoccupations transverses [25.16.1]. Nous appelons un module encapsulant une préoccupation transverse : aspect.

Pour la modularité les préoccupations transverses, les développeurs de logiciels ont besoin des techniques de décomposition différentes. Kiczales dans [29] a inventé le terme procédure généralisée pour caractériser les modules *ayant une racine commune, dans une* certaine décomposition fonctionnelle. Cependant La procédure généralisée telle que procédure et méthode est explicitement appelée par d'autres procédures ou méthodes, l'approche orientée aspect propose un nouveau type de module, au-delà des procédures généralisées. Les aspects ont un mécanisme d'invocation implicite, le comportement d'un aspect est implicitement invoqué dans l'implémentation des autres modules [16]

La différence entre les aspects et les procédures généralisée est expliquée dans beaucoup de travaux orientée aspect. La figure2.6 explique à travers une implémentation d'une préoccupation de traçage la différence entre une implémentation orientée aspect et une implémentation orientée objet [24]

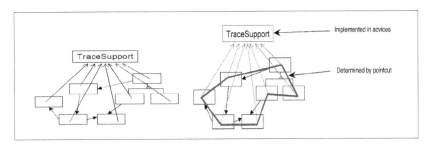

Figure 2.7 : différence entre aspect et procédure généralisée : exemple traçage[24]

La figure à gauche de la figure montre l'implémentation orientée objet, la préoccupation de traçage est modularisé dans un objet et tous les autres objets doivent toujours invoquer ou appeler l'objet qui supporte le traçage (ces appels sont visualisés par les flèches). Bien que beaucoup d'implémentation de la préoccupation de traçage soit modularisé dans un objet unique dans l'implémentation orienté objet, celle-ci nécessite que tous les autres objets implémentent une utilisation cohérente du traçage. L'adaptation de celle-ci pourrait nécessiter une adaptation des autres objets qui invoquent le traçage, en conséquence la suppression du traçage va modifier tous les autres objets, En revanche, la figure du coté droit montre une implémentation orientée aspect de la même préoccupation. En implémentant la préoccupation de traçage comme un aspect, cette préoccupation veille à ce que l'invocation de l'objet traçage soit capturée par l'implémentation de traçage lui même. L'implémentation d'aspect inclut l'implémentation de traçage et de l'invocation du traçage qui, autrement, serait répartis dans tous les autres objets. La ligne en gras montre la nature transversale de cette invocation. Ainsi l'approche orientée aspect implémente le principe d'inversion du contrôle. Et Le mécanisme d'invocation implicite exige toujours que l'aspect lui-même précise *où et Quand* il doit être invoqué. L'implémentation d'un aspect par conséquent est constituée de deux parties conceptuellement différentes: l'advice et la spécification de coupure précisent *où et quand* l'aspect doit être invoquée. En terminologies standard d'orienté aspect [1,16] l'aspect peut être spécifié comme suit :

| **Aspect** name |
| Pointcut specification |
| Advice |

2.3.8. La spécification de coupure

Puisque un comportement d'un aspect ne peut être invoqué mais introduit à des points précis (point de jonction) dans le module de base, une spécification de point de coupe (en anglais pointcut specification ou crosscut specification) décrit l'ensemble de point de jointure où l'aspect doit intervenir et introduit. Plus précisément [16], *La spécification de coupure est un prédicat qui correspond à tous les points de jonction qu'un aspect coupe* et est en effet souvent exprimé en utilisant un ensemble de prédicats dédiés qui raisonnent sur l'ensemble de tous les points de jonction possibles dans un logiciel. Dans l'exemple d'aspect de traçage au dessus la spécification de coupure décrit exactement les points où l'implémentation orientée objet contient un appel à l'objet de traçage.

2.3.9. Advice

43

La spécification de coupure décrit exactement les points où l'aspect doit intervenir, mais il reste à décrire le comportement que l'aspect est sensé introduire dans ces points de jonctions. Pour cela, la notion d'advice a été introduite. Un advice est un comportement qui peut être ajouté et attacher avant, autour ou après un point de jonction dans la spécification de coupure [1, 2,16]. Dans de nombreux langages orientés aspect le code advice n'est pas substantiellement différent de tout autre code, il peut contenir le même code source que les fonctions ou les méthodes. Néanmoins, l'implémentation d'advice souvent propose quelques différences à eux, l'advice peut être exprimé dans un langage ou paradigme différent, et l'implémentation d'advice utilise souvent des constructeurs spécifiques au langage à aspect qui permet un contrôle explicite sur le flux de contrôle à un point de jonction spécifique. Dans le langage AspectJ par exemple c'est à travers l'utilisation du constructeur (instruction) proceed() qu'un advice peut invoquer explicitement ou empêcher l'exécution du comportement d'origine du point de jonction [16].

2.3.10. Point de jonction et modèle de point de jonction

Dans tous les langages de programmation orientés aspect, les aspects ne peuvent être invoqués qu'à des points bien défini dans l'exécution de programme ces points sont appelés *points de jonction (join points)*. Les types possibles de points de jonction sont décrits dans un *modèle de point de jonction.* Il y a plusieurs types possibles de points de jonction dans l'exécution d'un programme par exemple, appelle à de méthode ou de constructeur, références à des variables, etc. Chaque langage de programmation orienté aspect a un modèle de point de jonction qui décrit ses types possibles de points de jonction et comment ils peuvent être déterminés dans une spécification de coupure.

Dans la terminologie standard de développement orientée aspect, le terme point de jonction n'est pas limité à l'exécution du programme, mais il est étendu à tout le cycle de développement logiciel [1,16], un point de jonction est un point d'intérêt dans certains artefact dans le cycle de vie logiciel à travers lequel deux ou plusieurs préoccupations peuvent être composés. Le modèle de point de jonction définit donc les types de points de jonction disponibles et comment ils sont accessibles et utilisés.

2.3.11 : la composition aspectuelle : Tissage

Comme un programme orienté aspect a été découpé et divisé à des modules de bases et des modules aspects, une opération de tissage (en anglais weaving) est nécessaire pour composer les différents modules pour construire tout le système. Le tissage d'aspect est une opération qui accepte en entrée les modules bases et les modules aspects, et a pour but d'appliquer et attacher les aspects sur les modules de base dans des points de jonction spécifiques correspondant à la spécification de coupure de l'aspect.

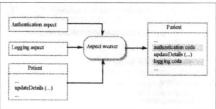

Figure 2.8: Tissage des aspects

Dans [29] Greogor Kickzale annonce que le tissage est un processus simple. Le processus présenté dans son exemple passe par trois étapes, en premier un graphe dataflow de module de base est généré, puis en deuxième étape des programmes aspects sont exécutés pour introduire leur graphe data flow sur le graphe data flow de module de base. En dernière étape un code est généré à partir du graphe fusionné. En effet, l'opération de tissage peut être faite à la compilation ou à l'exécution du programme (run time) le tissage statique s'applique à la compilation cependant le tissage dynamique est capable d'ajouter et d'insérer les aspects durant l'exécution du programme, on peut dans tel tisseur ajouter, modifier et supprimer des aspects pendant l'exécution du programme. Le tableau suivant donne un aperçu sur quelques tisseurs d'aspects actuellement connus [1,41]

45

tisseur	Type de tissage	caracteristique	Disponible a l'url :
Aspectj (actuellement inclut dans Aspectwerkz)	Statique	Extension de java , le résultat est du bytecode java standard (actuellement intégré dans la plateforme Aspectwerkz)	http://eclipce.org/aspectj
Jboss	Statique et dynamique	Extension de Java	http://www.jboss.org/jbossas/downloads.html
Jac (java aspect component)	Dynamique	Framework 100% java	http://jac.ow2.org/
Aspectwerkz	dynamique	Framework 100% java	http://aspectwerkz.codehaus.org/releases.html
AspectC++		Extension de C/C++	http://www.aspectc.org/
ASpectDNG	Statique	La base et les aspects sont écrit dans un des langages (C#, VB.NET,j#,..)	http://aspectdng.tigris.org/nonav/doc/index.html
phpAspect	Statique	En php	http://code.google.com/p/phpaspect/
Aspectual Caml		En caml	http://www.graco.c.u-tokyo.ac.jp/ppp/index.php?Projects%2Facaml.en
Aspects		En Python	http://www.cs.tut.fi/~ask/aspects/download.shtml
AspectL		En Common Lisp/CLOS	http://common-lisp.net/project/closer/aspectl.html

Table2.1 : quelque tisseur d'aspects

2.4 Décomposition symétrique et décomposition asymétrique

46

Selon le type d'unité de modurisation utilisé pour encapsuler les préoccupations transverses, l'approche orientée aspect distingue deux types de décomposition : une décomposition symétrique et une décomposition asymétrique :

La technique de décomposition asymétrique introduit une unité modulaire spéciale pour l'encapsulation des préoccupations transverse (les aspects) et elle est asymétrique parce que seules les unités modulaires aspects seront tissées sur les modules de base. Cette technique est supportée par la programmation orientée aspect (tel que langage aspectj). En revanche, la décomposition est symétrique, si le même type de module est utilisé pour moduler toutes les préoccupations, transverses ou de base sans différences, dans une telle décomposition les classes peuvent être utilisée à la fois pour l'encapsulation des aspects et la base [12.16]. Ainsi on peut procéder à un tissage et composition dans les deux directions [12.16]. Un bon exemple d'une telle technique de décomposition symétrique est la séparation multidimensionnelle des préoccupations [12].

2.5. Les approches orientées aspects :

2.5.1. La programmation orientée aspect (AOP):

La programmation orientée aspect (AOP) (en anglais aspect oriented programing) a été définie par Greogor Kickzales de xerox parc en 1996. AOP est une philosophie de programmation qui est essentiellement question du style. Elle résout des problèmes qui peuvent être traités dans des approches classiques mais d'une manière plus élégante [29] et est un paradigme de programmation qui permet de réduire fortement le couplage entre les différents aspects techniques d'un logiciel (préoccupations transverses). La AOP est basée sur le principe de l'inversion de dépendance (inversion de contrôle IOC) qui permettra d'extraire les dépendances aux services techniques est de les gérer depuis l'extérieur de ces modules [21]. Au lieu d'avoir un appel direct à un module technique depuis le module de base métier, en programmation orientée aspect le code de base est concentré sur sa préoccupation metier, tandis qu'un aspect est spécifié de façon autonome, prenant en charge de faire appel aux modules techniques tel que l'authentification requis à un certain point d'exécution du système [21,29]. En effet, les concepts de la programmation orientés aspect formulés par Greogor Kickzales et son équipe sont en grandes partie les concepts orientés aspects généralement acceptés par la communauté AOSD.

La programmation orientée aspect est une technologie transverse est n'est pas liée à un langage particulier. Elle peut être mise en œuvre aussi bien avec un langage orienté objet tel que java qu'avec un langage impératif comme c. Seul il faut avoir un tisseur d'aspect pour le langage cible. Actuellement il y a beaucoup de langage orienté aspect en général extension de java tel que : JBoss, jac, cependant le langages le plus maturé sans doute est Aspectj[21,1] .

2.5.1.1 AspectJ

Aspectj est le langage orienté aspect le plus utilisé dans le développement orienté aspect. Il est une extension à java, les composantes de base sont écrites en java pur alors que les aspects sont écrit suivant la syntaxe aspectj. Aspectj permet de définir les aspects tout en exprimant les règles de leur intégration : spécification de coupure et advice. Il dispose de son propre compilateur qui permet de tisser et combiner les aspects et les modules de base pour donner en résultat un code interprétable standard interprété par la machine virtuelle java. Le modèle de point de jonction d'Aspectj inclut les points de jonction suivants dans le flot de contrôle :
- un appel de méthode ou de constructeur
- L'exécution d'une méthode ou d'un constructeur
- L'accès en lecture ou écriture d'un champ
- L'exécution d'un bloc « catch » qui traite une exception java
- L'initialisation d'un objet ou d'une classe.

Aussi, il faut noter qu'Aspectj introduit aussi un mécanisme d'introduction qui permet l'ajout de nouvelles classes et méthodes sur des classes. Une coupe est introduite grâce au mot clé **pointcut,** Une coupe permet de regrouper un ou plusieurs points de jonction. Comme elle Peut utiliser des caractères spéciaux appelés wildcards, qui permettent de généraliser des coupes. En effet, l'expression suivante par exemple permet de réunir tous les points de jonctions de type appel à une méthode commençant par get : **pointcut** allget() : **call**(* *..get* (..)). [21]

La figure2.8 montre un programme orienté aspect selon la syntaxe Aspectj [25,21],

```
public class Point {
    private int x, y;

    public Point(int x, int y) {
        this.x = x;
        this.y = y;
    }
    public void setX(int x) {
        this.x = x;
    }
    public void setY(int y) {
        this.y = y;
    }
    public int getX() {
        return x;
    }
    public int getY() {
        return y;
    }
    public String toString() {
        return "["+x+","+y+"]";
    }
}
```

```
public aspect Logger {
    pointcut logger():
        call(* Point.*(..));

    Object around() : logger() {

        // Récupération des informations utiles.
        String method = thisJoinPoint.getSignature().toString();
        String originClass = thisJoinPoint.getSourceLocation().toString();
        Object arguments[] = thisJoinPoint.getArgs();

        //Affichage des infos sur l'appel
        System.err.println("["+originClass+"] Appel de \"" + method + "\"");
        if(arguments.length>0) {
            System.err.print("\tArguments : ");
            for(Object value: arguments) {
                System.err.print("\""+value.toString()+"\" ");
            }
            System.out.println();
        }

        // Lancement de la méthode
        Object ret = proceed();

        // Après la méthode
        System.err.println("["+originClass+"] Sortie de \"" + method +"\"");
        return ret;
    }
}
```

Figure2.9 l'approche AOP : exemple d'un programme écrit dans Aspectj
A gauche module de base, à droite module aspect

2.5.2. Les filtres de composition

Le modèle des filtres de composition a été développé par le groupe TRESE, au département d'informatique de l'université de Twente, Pays-bas [46]. Les filtres sont utilisés pour exprimer les préoccupations complexes et transversales.

Le modèle de filtres de composition est une extension modulaire au modèle de *l'objet* et composants tel que CORBA et JavaBeans. Il étend l'objet d'une manière modulaire et orthogonal, modulaire signifie que les filtres peuvent être attachés aux objets exprimés dans différents langages, sans modifier leur définition cela rend les filtres indépendants de l'implémentation. Orthogonal signifie que la sémantique d'un filtre est indépendante de la sémantique des autres filtres, cela rend des filtres composables [46,47].

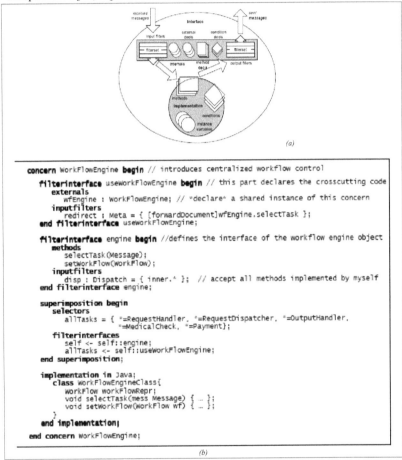

figure2.10 : l'approche filtres de composition : (a) une représentation simplifié des filtres de composition (b) exemple d'un filtre[47]

La figure 2.10. (b) montre un exemple d'un filtre de composition cependant la figure *2.10.(a) expose le modèle des filtres de composition [47]*

Les *filtres* (d'entrée et de sortie) définissent le comportement observable de l'objet. Ils sont déclarés dans des *filtersets* distincts. Chaque filtre spécifie une inspection et manipulation de messages. Les filtres d'entrée et de sortie peuvent manipuler les messages envoyés et reçus respectivement par un objet. Les filtres peuvent se référer à des objets internes ou des objets extérieurs [47] .

Le modèle sépare la partie implémentation de l'objet de sa partie interface (contenant les filtresets). La partie interface est une extension modulaire et indépendante du langage de la partie d'implémentation. La partie implémentation permet de définir deux types de méthodes: les méthodes régulières et des méthodes de condition. Les méthodes régulières mettent en œuvre le comportement fonctionnel de l'objet. Les conditions fournissent des informations sur l'état de l'objet, elles permettent aux filtres de décider comment manipuler les messages [47].

> **Le principe de filtrage des messages** : Les filtres d'entrée, et les filtres de sortie fonctionnent exactement de la même manière. Les filtres sont définis dans un ensemble ordonné. Chaque message doit passer par une série de filtres, jusqu'à ce qu'il soit refusé ou diffusé, et donc de nouveau activé. Chaque filtre peut accepter ou rejeter un message. La sémantique associée à l'acceptation ou le rejet dépend du type du filtre. En titre Exemples: *Expédition, Erreur, Attendez: Meta sont des* types prédéfinis [47]

> **Superposition des Comportements transversaux :** La version précédente de modèle de CF a été utilisée pour exprimer les préoccupations d'un seul objet. ce modèle est maintenant appliqué à exprimer et à composer des préoccupations au sein et à travers de multiples objets. La version récente du modèle de composition des filtres inclut donc des spécifications appelées *superposition qui* décrit des locations dans le programme et non pas seulement dans une seule classe, où le comportement de la préoccupation doit être ajouté [47]. Ainsi, ce modèle prend en charge le comportement transversal à travers des méthodes d'une seule ou plusieurs classes. **Composej** et ressemant **Compose*** (prononcé compose star) des extensions de java, Sont des implémentations du modèle de filtre de

composition supportant la séparation de comportement transverse dans les classes [47,46]

2.5.3. La programmation adaptative :

La méthode adaptative a été développée par Karl Lieberherr et son équipe à l'université de Northeastern en 1985 [44]. Un programme adaptive est une amélioration des programmes orientés objet qui réduit l'impact du changement des logiciels. Basé sur la loi de Demeter, un logiciel s'adapte automatiquement à l'évolution des contextes qui peut être un comportement, des structures de classe, .., ainsi il travaille avec des connaissances partielles des structures de la classe et retarde la liaison des méthodes aux structures des données par conséquent le couplage est réduit et les modifications apportées à la structure de classe peuvent être réalisées beaucoup plus facilement [44,45].

Un programme adaptif est spécifié en utilisant une collection de modèles de propagation (propagation patterns), dont chacun définit un ensemble de contraintes liées au programme adaptative. Un exemple d'un modèle de propagation est décrit dans la Figure2.11(c). Le modèle de propagation est en général, constitué d'une clause d'opération, une clause de parcours, et un ensemble de clauses fragment de code (*wraper *). Les fragments de code (wrapper) sont insérés avant ou après un point (une méthode automatiquement générée) dans le parcours spécifié dans le modèle de propagation [45].

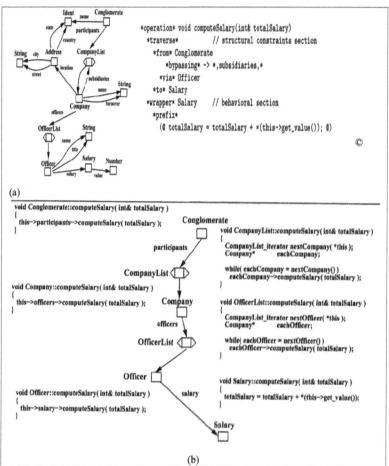

Figure 2.11 : l'approche programmation adaptative : (a) un graphe dictionnaire de classe, (b) : un sous graphe personnalisé, ©: Exemple d'un modèle de propagation [45]

Toutefois, les programmes d'adaptation, sont personnalisés par des structures de classe via le graphe dictionnaire des classes qui représentent les structures de classe à un niveau indépendant de langage de la programmation. La figure. 2.11 (a) montre un graphe dictionnaire des classes. Dans ce graphe les sommets représentent les classes, et les arcs représentent les relations entre eux [45].

Disposant d'un graphe dictionnaire de classe personnalisé qui vérifie les contraintes du modèle de propagation, le modèle de propagation produit un programme orienté objet pour le programme adaptative qu'il specifie en deux étapes : En premier un sous graphe du graphe dictionnaire des classes est généré, constitué d'ensemble de chemins qui respectent les contraintes de parcours spécifiés dans le programme d'adaptation [45]. Puis, une méthode automatiquement générée est attachée à chaque sommet du sous graphe généré, Enfin, chaque spécification de la méthode dans la section du comportement (wraper) est utilisée pour insérer le code soit avant ou après des méthodes spécifiques spécifiées dans le parcours .la figure 2.11(b) montre un sous graphe personnalisé. Enfin, la programmation adaptative peut être réalisée par C++ ou par le langage demeter [45,44]

2.5.4 La *séparation des préoccupations multidimensionnelle*

La séparation des préoccupations Multi dimensionnelle est une nouvelle approche de la séparation des préoccupations, qui s'attaque aux limites des décompositions actuelles, tout en permettant une séparation souple, claire entre multiples préoccupations qui interagissent et supportant une remodularisation à la demande qui encapsule des nouvelles préoccupations à tout moment[12,43].

Une réalisation de cette approche est l'hyperespace proposé par Harold Ossher et son équipe à IBM. L'outil, Hyper/J est l'implémentation qui supporte l'hyperespace en Java [12.43].

Dans cette approche, les préoccupations sont organisées en dimensions pour donner une structure explicitement multi dimensionnelle au hyperspace. Chaque unité dans l'hyperspace à exactement une seule coordonnée dans chaque dimension (préoccupations).les préoccupations dans une dimension sont disjointes et n'ont pas d'unités communes. Cependant elles chevauchent dans les différentes dimensions. En outre, chaque préoccupation du système est encapsulée dans un module nommé «hyperslice».Ainsi, un hyperslice contient un ensemble d'unités suffisantes pour l'implémentation d'une seule préoccupation. Dans un contexte orienté objet, l'hyperslice contient les éléments nécessaires à l'implémentation d'un ensemble d'objets (méthodes, variables, ...) concernant une préoccupation. En d'autres termes, une hyperslice est une vue subjective sur l'application logicielle, limitée à une préoccupation, ce sont une généralisation de la programmation orientée sujet. Toutefois, un hypermodule est une intégration et composition d'un ensemble d'hyperslice, chaque hypermodule spécifie des hyperslices et une règle de composition indiquant comment les intégrées [12,16,43].

En essence, dans cette approche tous les modules sont de même nature encapsulés dans des hyperslices même s'ils implémentent une préoccupation transverse ou non. L'application logicielle complète est constituée par l'intégration d'hyperslices spécifiant les préoccupations séparément. Un point de jonction est un point d'implémentation dans l'hyperslice, c'est où il s'intègre avec un autre hyperslice . Ainsi Les règles de composition remplissent le rôle de modèle de point de jonction et de la spécification de point de coupe de l'aspect [43.16].

Enfin un hyperespace est constitué d'un ensemble d'hypermodules qui réalisent différentes modularisation des mêmes unités. Les systèmes peuvent être composés de plusieurs façons à partir de ces hypermodules. Les changements et l'ajout de fonctionnalités sont effectués par l'ajout de nouvelles unités ou/et hypermodules[12,43].

```
hypermodule SEE_With_Logged_Eval_And_Check
    hyperslices: Feature.Kernel, Feature.Check,
                 Feature.Eval, Feature.Logging
    relationships:
        mergeByName;
        merge Feature.Logging.LoggedClass with *;
        bracket ~_* with
            _logEntry(ClassName, MethodName)
            _logExit(ClassName, MethodName)
```

Figure 2.12: exemple de règle de composition dans Hyperj [43]

2.6 De la programmation orientée aspect vers le développement orienté aspect :

L'approche orientée aspect a commencé d'abord à la programmation à travers la conception des langages de programmation orientée aspect. De ce fait, la plupart des idées sur les aspects sont perçues à la phase d'implémentation. La plupart de ces langages orientés aspects étend des langages orientés objet existant par des caractéristiques orientés aspects pour représenter : les aspects, points de coupure advice,…etc. Le langage orienté aspect le plus important et maturé, est probablement AspectJ [16,1], sans négliger d'indiquer d'autres langages orientés aspect importants comme Jasco, CaesarJ, AspectS, Object Teams, HyperJ, JBOSS, Compose*, DemeterJ, AspectC++,.. etc. nous referons le lecteur à [1] et à l'étude mené dans [41] pour avoir plus de détail sur les différents langages orientés aspect.

Toutefois, récemment, la communauté de génie logiciel est intéressée par la propagation de l'approche orientée aspects vers les premiers étapes du cycle de vie logiciel, cela dû aux raisons suivantes :

- Obtenir les avantages de la pratique de l'approche orientée aspect durant tout les phases de développement et non pas seulement durant la phase d'implémentation

- Prévoir un raisonnement sur le traitement des aspects et leur impact sur le logiciel durant tout le processus de développement.

- Rendre possible la compréhension d'un système orienté aspect à travers des modèles de conception et d'analyse d'exigences, et non pas seulement sur des artéfacts d'implémentations [20]

Par conséquent, l'ingénieur des logiciels devrait être équipé de techniques qui fournissent des moyens pour systématiquement séparer, identifier, représenter et composer les préoccupations transversales à travers tout le processus de développement de logiciels. Aujourd'hui la technologie orientée aspect englobe des approches d'analyse des exigences orientées aspect, des approches d'architecture orientées aspect, des approches de conception orientées aspect, des langages de programmation orientés aspect et l'attention est accordée aux techniques de vérification formelles portant sur les interactions et interférences des aspects[16] :

➕ **Ingénierie des exigences orientée aspect**: ces approches fournissent une représentation des préoccupations transverses dans les artefacts d'exigences. Elles reconnaissent explicitement l'importance d'identifier et de traiter les préoccupations transversales d'une manière précoces, les préoccupations transverses peuvent être des exigences non fonctionnelle aussi bien que des exigences fonctionnelles, leurs identifications précoces permettent l'analyse précoce de leurs interactions. ces approches se concentrent sur le principe de la composition de toutes les préoccupations pour avoir le système complet en cours de construction. Ainsi, il est possible de comprendre les interactions et les compromis entre les préoccupations. La composition des besoins permet non seulement d'examiner les exigences dans leur ensemble, mais aussi la détection des conflits potentiels très tôt, dans l'ordre de prendre des mesures correctives ou décisions appropriées à la prochaine étape[16]

⬥ **Les approches d'architecture orientée aspect :** un aspect architectural est un module architectural qui a une grande influence sur d'autres modules architecturaux [16]. Les approches de conception d'architecture orientées aspect donc décrit les étapes d'identification des aspects architecturaux et leurs composants enchevêtrés. Cette information est utilisée pour refaire une conception d'architecture donnée tout en mettant les aspects architecturaux explicites. Ceci est différent des approches traditionnelles où les aspects architecturaux sont une information implicite dans la spécification de l'architecture [16]. l'étude menée dans [53] donne une vue assez exhaustive de ces approches

⬥ **Les approches de conception orientées aspect:** ces approches de conception se concentrent sur la représentation explicite des préoccupations transversales en utilisant des langages de conception adéquates. Dans les premiers temps, les concepteurs utilisaient simplement des méthodes et des langages orientées objet (tel que UML) pour la conception de leurs aspects. Cela s'est révélé difficile puisque l' UML n'a pas été conçu pour fournir des constructeurs pour décrire les aspects. La principale contribution de la conception orientée aspect a été donc de fournir aux concepteurs des moyens explicites pour modéliser les systèmes par aspect [16], ces approches sont détaillée dans [53, 58]

⬇ **Les approches de Vérification et de test des programmes orientées aspect :** L'approche orienté aspect lève de nouveaux défis dans les techniques de vérification et validation des logicielles afin de s'assurer que la fonctionnalité désirée est satisfait par le système. des aspects peuvent potentiellement endommager la fiabilité d'un système auquel ils sont tissés, et peuvent rendre invalide des propriétés essentielles du système qui étaient corrects avant le tissage d'aspect [16]. Pour assurer l'exactitude du logiciel par aspects, il y a beaucoup de recherche sur l'utilisation de méthodes formelles et techniques de tests spécialement adaptés aux aspects [16]. Divers approches de test et vérification orientée aspect sont décrites dans [42,57]

2.7 Avantage et évaluation de l'approche orientée aspect

Pour quantifier l'importance gain de l'AOP et d'AOSD, on aura besoin d'effectuer fréquemment de divers tests appliqués aux problèmes réels, et mettre le point sur l'utilité de l'approche orientée aspect comme une amélioration et extension des techniques classiques de développement. Un programme par aspect est prouvé être plus facile à développer et à maintenir, l'approche orientée aspect aborde un espace de problème qui n'a jamais été traité par l'approche orienté objet. Deux tests de comparaison pratique par exemple ont été effectués sur l'organisation de développement logiciel entre deux implémentations avec et sans aspects chaque expérience avait 03 essais réalisés par 2 groupes, Le premier vise à déterminer si Aspectj améliorera la capacité des développeurs à corriger les erreurs dans des programmes multi thread, la deuxième ce concentre sur la facilité de changement dans un système reparti via Aspectj [26]. Un autre test mené par un autre groupe pour développer un système de contrôle de température [27]. Les conclusions sont optimistes. Parmi les avantages du développement orienté aspect on a trouvé que la qualité du code est amélioré, il est plus facile de comprendre les aspects et les modules de base, il est plus facile de changer des préoccupations, le couplage entre les modules gérant des aspects techniques peut être réduit de façon importante, chaque module est maintenue indépendamment des autres, meilleure réutilisation : tout module peut être réutilisé sans se préoccuper de son environnement, chaque module implémente une fonctionnalité précise, des nouvelles fonctionnalités pourront être implémentées dans des nouveaux modules qui interagissent avec le système à travers des aspects. Aussi il y a Gain de productivité : les programmeurs ne se préoccupent que de la préoccupation qui les concerne. L'évaluation a montré qu'il n'y avait pas plus de difficulté dans l'implémentation, pas de défauts significatifs en terme de performance, cependant les développeurs doivent changer la façon avec laquelle ils abordent les tâches, il faut en premier lieu, chercher une solution qui peut être modulé dans un aspect séparé. Les chercheurs ont besoin d'apprendre davantage comment voir un système sous forme d'aspect. La bonne séparation doit être renforcée par des moyens architecturaux, les mécanismes fournis par la programmation orientée aspect ne peuvent remplacer une bonne conception [27,26]. Aussi, malgré tous ces avantages, les développeurs doivent pouvoir raisonner sur les interactions et doivent gérer les problèmes de conflits durant tous le processus de développement

2.8 Problème d'interaction : Discussion

2.8.1 Exemple

Il s'agit d'un exemple d'un système décrit dans [33,57] où des chaînes de caractère sont envoyées entre des objets. Les aspects suivants, partageant les mêmes chaînes, sont introduits dans le système:

- Un aspect journalisation qui enregistre les appels des méthodes dans un fichier.
- Un aspect autorisation qui interdit aux utilisateurs non privilégiés d'utiliser certaines méthodes dans le système.
- un aspect filtre qui filtre les chaînes à envoyer et supprime celles inappropriées.
- Un aspect Encodeur qui code une chaîne de caractère pour un envoi sécurisé.

A partir de ce simple exemple on peut observer plusieurs cas d'interférence. Le premier cas est observé, lorsque l'aspect journalisation est exécuté avant l'aspect autorisation, une méthode peut être enregistrée sans être exécutée. Dans l'ordre inverse, si la méthode n'est pas autorisée, elle est interrompue, et abandonnée avant qu'elle ne soit enregistrée. Un autre cas d'interaction est observé entre les aspects encodeur et filtre. Evidement, Coder la chaîne après le filtrage des mots inappropriés est le comportement souhaité, mais, un autre comportement indésirable peut se produire, si le filtre sera appliqué sur des chaînes codées. Cependant, L'aspect journalisation semble générer un fichier journal incluant des chaînes de caractères sans sens s'il est appliqué après avoir codé les chaînes, dans un autre ordre inverse il va enregistrer les chaînes d'origine [57].

De là, en cas d'interaction entre les aspects, leurs advices pourraient se comporter correctement tant qu'ils sont orthogonaux même s'ils partagent des variables communes, où pourraient influencer un autre calcul sans influencer l'effet des advices. Autrement, si l'exécution des différents ordres d'advices produira des comportements différents du système, dont un est le comportement désiré (ou aucun des comportements dans tous les cas est désiré), c'est le problème d'interférence qui doit être traité. Il faut comparer les différents ordres des advices pour détecter les interférences entre les aspects [57].

2.8.2 Discussions

Ainsi a partir de cet exemple on a essayé d'expliquer ce très difficile problème et qui contrait toute la technologie orienté aspect. En effet l'évolution et l'adoption de la technologie orientée aspect dépend beaucoup d'émergence et développement de solutions efficaces à ce problème « l'interaction entre les aspects ». Car enfin on doit être toujours rassuré que le système composé soit réellement le bon système qu'on veut obtenir, et qu'il ne montre pas des comportements indésirables. Il doit répondre aux demandes et désirs du développeur et satisfait les besoins des utilisateurs. par conséquent , le développeur doit être équipé par des outils, méthodes et techniques qui assistent à la détection de points d'interaction potentiels et qui aident à la détection et résolution de problème de conflits durant tout le processus du développement.

Bien que les langages de programmation orientée aspect permettent aux ingénieurs logiciels d'encapsuler séparément des préoccupations transversales, cela ne signifie pas que toutes les préoccupations peuvent être traitées indépendamment, les aspects peuvent être en conflit ou dépendant l'un de l'autre. En réalité le problème d'interaction entre les aspects est un problème adhèrent a l'approche orienté aspect elle-même. Décomposer le système à un ensemble de partie indépendant, n'enlèvera jamais des relations de dépendances et de conflits entre eux une fois composés ensemble pour avoir le système complet. En effet, s'il y avait une approche qui ne serait pas touchée par ce problème, on pourrait simplement élire cette approche et se concentrer sur elle pour un développement sans problème d'interaction, mais malheureusement ce n'est pas le cas, les définitions des aspects et de base peuvent être conflictuelles, les aspects peuvent entrer en conflit les uns avec les autres ou avec la base dans laquelle ils vont être tissés, malgré la diversité de façons d'implémenter les préoccupations aspects et base [36].

Enfin, toutes les approches orienté aspect sont affrontées par ce problème. Explicitement cela est indiqué pour des approches tel que : la séparation multidimensionnelle, filtres de composition et programmation par aspect respectivement dans [12][11],[32,31,34,22]. En outre comme l'approche orienté aspect est étendue à toutes les phases du développement orienté aspect, cela rend toute les phases concernées par les interactions entre les aspects.

Ainsi, en adoptant une terminologie orienté aspect on peut dire que le problème d'interaction entre les aspects est un aspect qui transverse toutes les approches orienté aspect et tout le processus du développement orienté aspect. Actuellement comme on peut remarquer dans ce chapitre, ce problème est traité en deux axes distincts.

- Des approches de test et de vérification formelles ont été proposées pour des programmes orientés aspect, ces approches tardives reposent sur une spécification opérationnelle complète (programme) et généralement elles sont classées à des approches basées sur le modèle checking, d'analyse statique, et le tranchage (slicing)[42,57,10]. Dans l'introduction générale sont décrit des exemples de ces approches

- Des approches d'aspects précoces tels que d'ingénierie d'exigence par aspect qui proclament l'avantage du traitement précoce des aspects pour le développement par aspect.

Et donc, dans le cadre de notre travail, nous choisissons le traitement précoce des interactions entre les aspects. Ainsi, nous adoptons deux stratégies pour nous attaquer à ce problème difficile :

- **une solution générique pour le traitement d'interaction :** comme il a été présenté durant ce chapitre l'approche orienté aspect englobe plusieurs approches avec des différences apparentes mais heureusement, tous acceptent un ensemble de concept. Ainsi il est avantageux de développer une idée commune sur le traitement d'interaction des aspects basé sur l'ensemble de concepts communs, il reste à toutes les approches d'implémenter la solution commune selon leur mécanismes orienté aspect.

- **un traitement précoce du problème :** le problème d'interaction et de conflit entre les aspects est un grand problème. Comme il est préférable d'identifier les aspects tôt dans le cycle de développement, l'analyse de leur interaction doit être aussi précoce. nous reconnaissons que ce problème doit être géré durant tous les phases du développement, mais nous posons toujours qu'un bon départ du projet conduit au succès du projet. C'est durant les phases précoces qu'on doit développer des spécifications utiles à toutes les phases. dans ce stade une solution générique peut être utile puisqu'elle peut être acceptée et adaptée aux différentes phases.

- enfin ; bien qu'actuellement un grand intérêt est accordé aux approches formelles d'analyses des interactions entre aspects, nous pensons que notre approche générique et précoce se complémente avec ces approches tardives.

2.9 Conclusion

Dans ce chapitre, nous avons présenté Les concepts de base de l'AOSD, pourquoi l'orienté aspect est nécessaire dans le développement logiciel moderne et comment il contribue à l'amélioration des processus de développement modernes. Bien que ces approches améliorent la structuration des logiciels, elles sont freinées par le problème d'interaction entre les aspects. Comme il est préférable d'identifier les aspects tôt dans le cycle de développement, l'analyse de leur interaction doit être aussi précoce. Notre contribution sera durant la phase d'analyse des exigences. Le chapitre suivant est consacré à donner une introduction a l'ingénierie des exigences orientée aspects.

3. Introduction à l'Ingénierie des exigences orientée aspects

3.1 Introduction :

Les approches classiques de développements orientées aspect ont principalement relevé l'importance d'identification des aspects au niveau de la programmation. Moins d'attention a été portée sur l'impact des préoccupations transversales durant les premières phases de développement des logiciels. Toutefois, des travaux récents ont tenté de généraliser le concept d'aspect et de l'appliquer aux différentes phases du cycle de vie logiciel, tels que l'analyse des besoins et la conception.

Dans ce chapitre nous présentons une introduction à l'ingénierie des exigences par aspect, nous discutons ses avantages et ses défis.

3.2 Les aspects précoces (early aspect) :

Les approches d'ingénierie des exigences et de conception d'architecture actuelles, n'ont pas abordé explicitement la nature transversale de certaines exigences, et d'autre part, dû à l'importance des préoccupations transverses au niveau de la programmation et l'impact des décisions prises pendant les phases précoces de développement sur tout le système, cela conduit à la création du domaine de recherche : les Aspects précoces en 2002 [19]. Des ateliers sur les *aspects précoces : « Early Aspects:Aspect-Oriented Requirements: and Architecture Design »* ont été tenue depuis 2002 en conjonction avec les conférences d'AOSD. Ces ateliers visent à soutenir la généralisation des idées orientées aspects dans les premières phases du développement [19,4].

Par définition, Les aspects précoces sont des préoccupations transverses, identifiées durant les phases précoces du cycle de vie logiciel y compris les phases d'analyse des besoins, analyse du domaine et la conception d'architecture [19, 4, 16,1].

Evidement, les premières phases de développement de logiciels définissent les premières décisions de conception, ainsi impactant tout le système [19]. Par conséquent, sans la modularisation de telles préoccupations transversales (early aspect) qui ne peuvent être localisées et ont tendance a être dispersées sur plusieurs modules des phases précoces, de graves problèmes de maintenance peuvent se poser similairement aux aspects durant la phase de programmation [19,4]. Pour plus de détaille concernant ce domaine de recherche, nous referont le lecteur au site officiel de la communauté d'aspect précoce (www.early-aspect.net).

3.3 Le cycle de vie des aspects (les aspects précoces dans le contexte d'AOSD)

Dans toutes les phases du cycle de vie du développement logiciel, On s'intéresse à différentes préoccupations à traiter qu'on encapsule dans des artéfacts et modules spécifiques à la phase [1]. Les préoccupations sont projetées d'une phase à la phase ultérieure, de l'analyse des exigences à la conception jusqu'à l'implémentation. Dans chaque phase du cycle de vie certaines préoccupations ne peuvent pas être encapsulées dans des unités modulaires simples mais se dispersent sur plusieurs modules

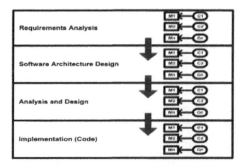

Figure 3.1 : la projection des préoccupations dans les modules du cycle de vie [1]

Les aspects sont donc classés à : *des aspects précoces, des aspects intermédiaires,* et des *aspects tardifs* (voir Figure 3.2). Les aspects durant les premières phases du cycle de vie sont qualifiés des **aspects précoces** pour les distinguer des aspects au niveau d'implémentation (aspect tardif). Ils se concentrent sur les aspects à un haut niveau d'abstraction qu'au niveau de programmation ou même de la conception des programmes. Cependant, Les aspects durant l'analyse est conception sont des aspects intermédiaires [1,19]. Certainement, Il est favorable d'identifier Les aspects tôt dans le processus de développement, durant les premières phases de développement logiciel, analyse des besoins, analyse du domaine et phase de conception de l'architecture, cela permet d'améliorer le développement orienté aspect [7,8,3].

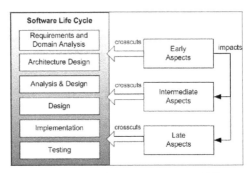

Figure 3.2 : cycle de vie des aspects [19]

L'imfluence des aspects précoces sur le cycle de développement logiciel se manifeste de deux manières :

- les aspects précoces impactent subséquemment les aspects dans les phases ultérieures. Beaucoup d'aspects précoces identifiés dans les premières phases seront répercutés à travers les autres phases.
- aussi bien, d'autres aspects précoces pourraient être spécifiques aux premières phases, et recoupent que les modules spécifiques aux phases précoces.
- de même, il se pourrait bien que des nouveaux aspects non identifiés précédemment apparaissent alors que nous progressons dans le cycle de vie logicielle

3.4 L'ingénierie des exigences orientée aspects (AORE)

66

L'émergence des techniques de programmation orientées aspect a soulevé la nécessité d'identifier les aspects au cours de la phase d'analyse [16]. Pour s'occuper des aspects durant l'implémentation et la modélisation de la conception, il faut en premier les identifier et cela dans une étape très précoce. De là, ils sont véritablement reflétés dans le cahier des charges des exigences [16].

3.4.1. Définition

Les approches d'analyse des exigences orientées aspects sont des approches d'analyse d'exigences qui explicitement reconnaissent l'importance d'identifier, traiter, raisonner sur des préoccupations transversales/besoins durant la phase d'analyse des exigences [16,4].

3.4.2 Objectifs de L'AORE

Malgré la grande importance qui représente l'ingénierie des exigences orientée aspect (AORE) , la plupart des praticiens dans le domaine des logiciels d'aujourd'hui ne sont pas conscients de cette nouvelle méthodologie et de ses avantages. L'AORE vise à traiter les propriétés transverses, de manière systématique afin de faciliter un raisonnement réel sur leur impact dans le domaine du problème, ainsi la modularisation de tels propriétés transversales dans la spécification des exigences permettent qu'elles puissent être effectivement projeter et donc tracer, dans le domaine de la solution[4].

3.4.2.1 limites des approches d'ingénierie des exigences non orientées aspects :

Plusieurs approches d'ingénierie des exigences existaient déjà, tel que des approches orientées objet dirigées par les cas d'utilisation, des approches orientées point de vue et des approches orientées but. les approches orientées point de vue divisent les exigences du système en diverses parties, ayant des perspectives subjectives provenant de points de vue d'intervenants, les cas d'utilisation, notamment fournissent une description du système à partir des perspectives de son utilisation par des acteurs dans son environnement. D'autre part, des approches orientées objectifs (Goal-oriented) capturent et modularisent les besoins du système basées sur certain nombre d'objectifs de haut niveau du système, ce sont souvent des exigences non fonctionnels qui sont ensuite affinées dans des objectifs plus concrets, KAOS, i*, la plateforme NFR sont des exemples de méthodes orientées buts les plus connus [4].

Pourtant, ces approches ont aussi reconnu la nécessité d'une séparation effective des préoccupations similairement aux techniques de programmation et de conception [4], ces approches classiques marquent les limites suivantes qui justifient l'émergence du domaine d'AORE[4,54]:

- **Traitement inégal des préoccupations fonctionnelles et non fonctionnelles :** En effet, les méthodes d'ingénierie des exigences classiques ont été principalement développées pour s'attaquer à un type de préoccupations, certaines approches ont souligné l'importance des préoccupations non fonctionnelles et proposent les moyens pour assurer leurs satisfactions dans un système, d'autres approches ont mis l'accent sur la satisfaction des fonctionnalités requises d'un système. par exemple les approches PREview et NFR ont souligné l'importance des préoccupations non fonctionnelles et ont proposé des moyens pour assurer leur satisfaction dans un système, d'autre part les Problem Frames et les cas d'utilisation ont mis l'accent sur la garantie de la fonctionnalité requise d'un système [4.54].

- **pas de traitement des préoccupations transverses :** bien que quelques approches orientées buts et d'autres orientées point de vue ont proclamé la séparation des préoccupations fonctionnelles aussi bien que non fonctionnelles, par exemple l'approche orienté but KAOS qui utilise la logique temporelle pour spécifier les exigences fonctionnelles et non fonctionnelles et des approches orientées point de vue comme Preview qui encapsulent des préoccupations fonctionnelles et les préoccupations non fonctionnelles dans des points de vue, spécifiées par un ensemble d'exigences[4], ces approches ne traitent pas les préoccupations

68

transversales ou la satisfaction des exigences transverses. Les exigences sont transversales par leur nature et une exigence peut avoir un effet sur plusieurs autres exigences. Ainsi, les approches classiques non orientées aspect ne traitent pas la séparation de ces exigences transversales, et ne présentent pas des mécanismes pour leurs composition d'une manière efficace sans perdre le niveau d'abstraction [4,54]. Aussi ces approches ne capturent pas clairement comment les préoccupations transverses influencent des exigences spécifiques dans le système. En outre les préoccupations transversales n'ont pas été traitées comme des unités de modularité distinctes [54].

- **Influence transverse des besoins:** alors que certaines approches classiques non orientées aspects ont reconnu que les exigences non fonctionnelles sont caractérisées par leur grande influence sur les autres exigences, ils ne considèrent pas les grandes influences similaires de certaines exigences fonctionnelles [54].

- **Influence transverse des besoins non fonctionnels :** bien que les points de vue et les cas d'utilisation offrent des perspectives subjectives sur le système, ils ne Traitent pas les propriétés non fonctionnelles, par exemple, la *sécurité, les contraintes de temps réel,* la *mobilité*...etc, de façon systématique. Ces propriétés sont souvent des bons candidats pour les aspects qui coupent les points de vue et les cas d'utilisation [4].

- **Influence transverse des besoins fonctionnels :** les approches orientées buts, ne saisirent pas efficacement l'influence des propriétés fonctionnelles transverses, par exemple, recherche d'information, mise à jour des informations,... etc, sur d'autres exigences dans le système [4].

- **La composition des exigences:** bien que la plupart des approches non orientées aspects reconnaissent l'influence des exigences l'une sur l'autre, ces approches ne traitent pas le probleme de la composition des exigences, ils ne précisent pas les relations de composition des propriétés transverses non fonctionnelles de portée générale avec les exigences touchées par eux [4,54].

- **Modularisation rigide du système:** toutes les approches non orientées aspect ont une structure de modularisation rigide dès le début du processus de l'ingénierie des exigences. l'approche orientée cas d'utilisation par exemple se limite à des modules cas d'utilisation, dans les approches orientées point de vue tel que PreVeiw, les modules sont des points de vue. un tel engagement rigide a une structure de modularisation peut être limitative, si on suppose qu'un analyste dispose d'un ensemble de préoccupations à traiter, des points de vue et des cas d'utilisation. Il devra décider quelle unité de modularisation à utiliser et à limiter son analyse et sûrement il va perdre les avantages offerts par d'autres structures [54].

3.4.2.2 Objectifs et défis :

AORE vise à remédier aux insuffisances ci-dessus en fournissant un moyen systématique pour l'identification, la modulation, la représentation et la composition de tous les besoins : fonctionnels non fonctionnels et transversales durant tout l'ingénierie des exigences [4], ainsi :

- le premier objectif que l'AORE tente à atteindre est de prévoir une égalité de traitement des préoccupations fonctionnelles et non fonctionnelles. Des approches orientées aspect, tel que Cosmos[63] et l'approche [62] (An Aspectual Use Case Driven Approach) propagent l'idée que tous les types de préoccupations sont aussi importants et doivent être traitées de manière cohérente, et non discriminative[54].

- le deuxième objectif d'AORE est de pouvoir adresser la grande influence transversale pour les besoins fonctionnels et non fonctionnelle et leur modularisation. Beaucoup d'approches orientées aspect ont indiqué cet objectif (par exemple CORE et des approches d'exigences multidimensionnelles) .

- aussi, les approches d'AORE tentent à adresser le problème de restriction de structures de modularisation disponibles pour chaque approche.

- la quatrième insuffisance à traiter par AORE est celle de l'absence du mécanisme de composition des exigences. La composabilité est le fait de combiner les exigences individuelles avec d'autres exigences (comme prévu, par exemple, par [8]), elle est une notion centrale de l'AORE. ce soutien devrait inclure une définition de modèle de point de jonction aussi bien que la sémantique de la composition.

- La composabilité permet non seulement d'examiner les exigences dans leur intégralité, mais aussi la détection des conflits potentiels très tôt pour prendre des mesures correctives ou de prendre des décisions appropriées pour la prochaine étape.

3.5 L'aspect dans la phase d'analyse des exigences

Un aspect au niveau des exigences est généralement une propriété de porté globale qui contraint le système, représenté par une seule exigence ou un ensemble cohérent d'exigences. tel que les exigences de sécurité, temps de réponse, confidentialité...ect.

Ces propriétés touchent plusieurs autres exigences, dans le système de sorte que:

- ils contraignent le comportement des exigences influencés.
- ils influent sur les exigences concernées, afin de modifier leur comportement

Par exemple, une exigence de sécurité peut contraire une exigence donnant accès à certains types de données dans le système de sorte que seul un ensemble certifié d'utilisateurs peut accéder à ces données [4], ou même, peut influencer des exigences de communication en modifiant leur comportement tout en imposant des contraintes de cryptage. Notons que les exigences touchées par un aspect/exigence peuvent-être représentées en utilisant des abstractions telles que les points de vues, les cas d'utilisation, et les thèmes [4]

3.5.1 Un   modèle de point de jonction   pour l'AORE

Analogiquement aux approches d'AOSD, les approches de l'AORE se focalisent sur la composition des modules aspects et modules bases. Il est donc important de formuler un modèle de point de jonction à ce niveau élevé d'abstraction.   Ici, les points de jonction ne sont pas des appels d'objet comme le cas dans les techniques de la programmation orientée aspect (AOP) tel qu'aspectJ, car ce genre des points de jonction est qualifié de bas niveau   d'abstraction, il est significatif au niveau de la programmation.

Cependant, au niveau des exigences, les points de jonction sont un/des besoins individuels dans un point de vue, dans un cas d'utilisation ou même dans un thème. Similairement aux techniques d'AOP on peut aussi spécifier qu'une exigence aspectuelle influence non seulement une exigence particulière, mais aussi toutes les sous-exigences qui l'affinent. De même, on peut spécifier qu'un aspect/besoin (ou un ensemble d'aspects) contrait tous les besoins du cas d'utilisation ou même d'un point de vue [4]

3.6 Caractéristiques des approches d'ingénierie orientées aspect

Les approches d'AORE sont caractérisées par les caractéristiques principales suivantes [4], la figure3.3   au dessous résume une grande partie d'eux:

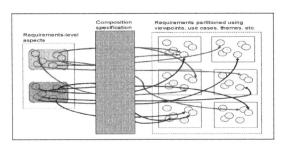

Figure3.3 : caractéristique des approchesd'exigences orientées aspect [4]

❖ L'existence de moyens efficaces pour identifier les propriétés transversales dans une spécification d'exigences, ceci peut être en fournissant des moyens intuitives tel que identifier des mots-clés ou des mots spécifiques d'action dans une spécification d'exigences tel que dans les approches [38, 39], ou à l'aide d'un outil spécifique tel que dans l'approche [52], ou même par analyse sémantique des documents d'exigences tel que dans l'approche [51]

❖ La capacité de modulariser les propriétés transverses dans des modules de niveaux d'exigence. Notez que ces aspects peuvent être séparés basés sur une approche de séparation multidimensionnelle [9,23] dont laquelle la séparation est symétrique, ou bien peuvent suivre une approche plus classique de séparation asymétrique (séparation base-aspect) tel que dans [5,6,8,13,15,20]. Néanmoins, c'est la capacité de moduler de telles exigences transverses qui est la caractéristique des approches AORE et non pas le mécanisme de modularisation des aspects symétrique ou asymétrique

❖ La disponibilité de moyens appropriés pour représenter les aspects de niveau exigences, ces mécanismes de représentation peuvent varier en fonction du domaine d'application et la disponibilité d'outils pertinents. En conséquence, la représentation peut être graphique ou peut prendre un format semi-structuré [4].

❖ La possibilité de composer des exigences aspectuelles et non aspectuelles pour bien comprendre l'effet ajouté des aspects/exigences sur les autres exigences du système tel que dans [8,9,15,49,50,51]. les techniques AORE se concentrent sur la composabilité dans l'AOSD, en fournissant une spécification de composition aussi appelé des règles de composition souvent aux niveaux granulaires, cette spécification précise la façon dont un aspect/besoin influence des exigences spécifiques dans un système. Une telle compréhension détaillée des relations de composition entre les besoins aspectuels et non aspectuels conduit à une meilleure compréhension de leurs interactions, des inter- relations et conflits. Ceci, à son tour, aide à identifier les compromis dès le début du cycle de développement et facilite les négociations avec les intervenants touchés. En outre, les exigences aspectuelles et leurs compromis associés peuvent être tracer à l'implémentation pour s'assurer qu'ils ont été maintenus en conformité avec la spécification précise par les intervenants du système [4].

Notez que la composition en ce sens n'a pas à donner une spécification *exécutable*. Même si cela peut être souhaitable dans certains cas. Au lieu de cela, la composition implique ici la projection des contraintes et influences des différents aspects de niveau d'exigences sur les autres exigences du système, basé sur des connaissances de la spécification de composition, le résultat d'une telle composition est une synthèse des différentes projections qui fournissent une meilleure compréhension des besoins critiques des intervenants, une identification des propriétés essentielles d'un système ainsi que les différents compromis qui influencent le système[4].

❖ Souvent les compromis des aspects de niveau exigences sont résolus par l'affaiblissement de certaines exigences en vue de renforcer d'autres, suite à des négociations avec les intervenants. Dans de tels cas, il est essentiel de préciser la signification d'une réduction ou renforcement d'une exigence pour que cette compréhension puisse être efficacement propagée à l'architecture et par la suite pour la conception et l'implémentation [4].

❖ Bien que ne soit pas une caractéristique essentielle, une approche d'AORE devrait être complétée par un mécanisme efficace de traçage des exigences aspectuelles et leurs interactions ainsi que Leurs résolutions aux dernières phases de développement [4].

3.7 Classification des approches d'ingénierie des exigences orientées aspect

Les approches d'ingénierie des exigences orientées aspects sont classées en 06 groupes comme indiqué dans [53] :

- **Groupe1 :** Les approches orientées aspects basées point de vue (viewpoint-based AO group):

- **Groupe2 :** Les approches orientées aspect basées objectif (gaol-oriented AO group)
- **Groupe3 :** Les approches orientées aspects basées sur les scénario et les cas d'utilisations (scénario use case- and scenario-based AO group)
- **Groupe4 :** Les approches de séparation multidimensionnelles de préoccupations (multi-dimensional séparation of concerns group)
- **Groupe5:** Des approches orientées aspect à base de composants (AO component-based)
- **Groupe6:** les autres approches [53]

▪ **Les approches orientées aspects basées point de vue :** ces approches étendent les points de vue classiques avec les notions de préoccupations transverses et la composition. Ces approches d'AORE orientées point de vue se basent essentiellement sur l'approche d'exigence orientée point de vue classique PRVeiw [4, 53]. Ce groupe est représenté par l'approche [4, 53] Aspect Oriented Ingénierie des Exigences avec Arcade[8]

▪ **Les approches orientées aspect basées objectif :** Pour ces approches, il est courant d'avoir un but ou des softgoal contribuant à plusieurs autres objectifs. Clairement les objectifs et soft goal s'accordent bien à des préoccupations transverales. Cependant, il n'y a pas beaucoup de travaux disponibles d'ingénierie des exigences orientés aspect basés objectif [53]. Ce groupe est représenté par l'approche Aspects in Requirements Goal Models (les aspects dans les modèles de besoins orienté objectifs) [48]

▪ **Les approches orientées aspects basées sur les scénarios et les cas d'utilisation :** les approches orientées cas d'utilisation ont été quelque peu en avance en ce qui concerne la composition par rapport à d'autres approches classiques *notamment* à travers les relations d'inclusion et d'extension. Cependant, ces techniques ne traitent pas efficacement les préoccupations non fonctionnelles. En conséquence, les approches d'AORE orientées cas d'utilisation étendent le support de la composition disponible et s'occupent également des propriétés non fonctionnelles [53]. Ce groupe inclut différents travaux tel que [53] : « Aspect-Oriented Software Development with Use Cases » (Aspect-Oriented Software Development avec des cas d'utilisation) [58], « Scenario Modelling with Aspects » (approche de modélisation des scénarios avec les aspects)[50], « An Aspectual Use Case Driven Approach »[62], et l'approche « Integrating the NFR framework in a RE model »[35].

- **Les approches de séparation multidimensionnelle de préoccupations :** ces approches se basent sur l'idée que le système logiciel peut être décomposé et composé d'une manière flexible selon les différentes combinaisons possibles et organisations des différentes préoccupations nécessaires au développement du logiciel [48], et essentiellement étudient et traitent les préoccupations de la même façon, elles sont tous égales et aucune préoccupation est plus importante que les autres, sans une vraie distinction entre préoccupation de base et transverse. L'analyse du comportement transverse et à la fin réalisée par la projection de l'influence des préoccupations l'une sur l'autre [53]. Parmi les approches incluses dans ce groupe on cite [53] : l'approche Cosmos[63] et l'approche d'ingénierie des exigences orienté préoccupation (Concern-Oriented Requirements Engineering) [9]

- **Des approches orientées aspect à base de composants :** les approches orientées aspect à base de composants proclame l'utilité des aspects au sein d'un système à base de composants, spécifiquement en appliquant la notion d'aspects à des modules de grande échelle [53]. Ce groupe est représenté [53] par l'approche « Aspect-Oriented Requirement Engineering for Component-Based Software Systems » [62]

- **Autres approches :** ce groupe inclut des approches complètement nouvelles ou dirigées par des exigences des approches de conception orientées aspect ou de programmation orientées aspect existantes [53]. Leurs émergences n'étaient pas comme des extensions de certaines approches non orientées aspect. Ce groupe est représenté [53] par l'approche thème / Doc de l'approche thème /UML [39,38] qui est actuellement, l'approche la plus remarquable et célèbre. Bien que l'approche thème a émergé comme un des travaux orientée sujet, Thème/ Doc[38,39] à lui-même constitue une nouvelle approche d'analyse des exigences fournit avec l'approche de conception orienté aspect Thème / UML [53].

3.8 Une version initiale d'un modèle Unifié d'AORE

Un intérêt actif est apprêté aux aspects dans le domaine de l'ingénierie des logiciels et en particulier quelques travaux fondateurs sur (AORE) ont été réalisés avec la participation du projet AOSD-Europe [54]. Ainsi, afin de déplacer prochainement les travaux d'AORE vers la maturité, les approches d'AORE existantes devraient apprendre les unes des autres. En outre il faut proposer un modèle intégré et unifié qui les réunit, cela permettra de produire des approches plus améliorées et plus performante [54], Une telle intégration permet également de réduire la duplication des travaux effectuées et de diriger les efforts dans de nouveaux axes de la recherche. Dans [54] une version initiale d'un modèle qui intègre différentes approches d'exigence orientées aspect et unifié pour AORE a été discuté [54], bien que c'est le modèle générique d'arcade [8] qui soit souvent considéré comme modèle générique d'AORE.

3.8.1 Processus

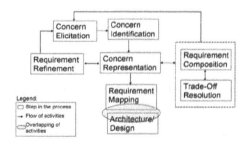

Figure3.4 : version initial d'un model unifié d'AORE [54]

77

La version initiale du modèle unifié d'AORE est présentée dans la figure 3.4. Le processus générale est un processus itérative qui passe par plusieurs étapes : en premier lieu on commence par le rassemblement des préoccupations, où l'ingénieur des exigences fixe les points d'intérêt pour chaque intervenant au système, à travers des discussions avec eux, des interviews, l'observation, …etc, cette tâche peut être guidée par des catalogues et des directives telles que l'espace méta préoccupation décrit dans [23]. Puis en passe à une étape d'identification des préoccupations, durant cette étape les préoccupations abstraitement identifiées dans l'étape précédente sont raffinées et détaillées.   Thème / Doc ou autre outil d'identification de préoccupations basée sur le traitement de la langue naturelle peuvent être très utile pour cela. Dans l'étape suivante les préoccupations identifiées sont représentées comme des points de vue, des cas d'utilisation, des thèmes ou des objectifs et leurs graphes de softgoal …ect, ce processus constitué des trois étapes est itéré jusqu'à que les préoccupations identifiées sont suffisamment raffinées

 En second lieu, l'étape de composition est initialisée. Durant cette étape, les préoccupations sont composées, par conséquent les préoccupations composées sont utilisées pour identifier les conflits entre eux et sont résolus durant l'étape de résolution de compromis (trade-off). Le processus de définition composition est répété jusqu'à atteindre un ensemble relativement stable des représentations d'exigences et de compositions. Ultérieurement, les exigences sont projetées sur des modules de la conception et des décisions architecturales. La projection sur les décisions d'architecture commence dès que les exigences commencent à devenir plus claires, et un ensemble de guide doit être appliquée pour aider cette transformation. Il est essentiel que le choix de l'architecture finale optimise la satisfaction des préoccupations.

Le processus décrit dans la figure 2-1 couvre une large chaîne d'activités, qui peut être globalement regroupées en deux ensembles. Les activités concernant l'identification constitue le premier groupe, les autres activités constituent le groupe d'analyse.   La version initiale du modèle décrit dans [54] est construit sur des travaux réalisés dans le domaine d'AORE et elle propose que L'ensemble des activités d'identification, centrée sur l'acquisition des exigences initiales et leur structuration soit traitée par des approches d'identification basées sur le traitement de langage naturel tel que l'approche Early-AIM (Early Aspect Identification and Mining) [52]. En revanche, L'ensemble des activités d'analyse, centré sur l'analyse et composition des besoins et la résolution des incohérences, peut être adressée par l'approche coca (Composition-Centric Approach) [54.60] .

3.9 Problème de gestion des conflits dans les approches d'AORE

Les préoccupations transversales durant les phases d'analyse des exigences peuvent être conflictuelles, si elles se contribuent négativement les unes aux autres, une fois introduit dans la même base. Et puisque on ne peut pas les optimiser ensemble, un certain équilibre entre ces préoccupations doit être atteint. Par exemple, la sécurité et temps de réponse contribuent négativement l'un à l'autre. L'application d'une technique sophistiquée de sécurité va certainement ralentir le temps de réponse, ainsi On ne peut pas attendre les meilleures performances [4].

Il est important d'identifier ces situations conflictuelles le plutôt possible pour faciliter la négociation et la prise de décision entre les intervenants, puisque ces situations pourraient conduire à une révision de la spécification des exigences aspectuelles et/ou non aspectuelles. Leurs identification au cours d'implémentation peut devenir plus cher, car c'est lors des premières phases qu'il ya plus de contact direct avec les intervenants. Les techniques et les outils qui permettent d'aider à la gestion de ce problème sont les bienvenus[4], bien que actuellement des solutions pour gérer les situations conflictuelles soient proposées telles que celles décrites dans [8,23,6], mais aucune solution efficace n'a encore réellement été développée [4].

3.9.1 Classification des interactions entre les aspects :

dans leur document étude des problèmes d'interaction[18] ,F.sanen et all supposent qu'une classification des interactions des aspects permet leurs structuration dans un document concernant les interactions celui la peut être détaillé dans les étapes ultérieurs d'implémentation. Les hauteurs reconnaissent que les aspects ne sont pas réellement indépendants et orthogonaux et qu'ils existent des interdépendances entre eux qui résultent des interactions. Ils considèrent que les interactions ne sont pas tous mauvaises et par conséquent ils les classent à des interactions positives et des interactions négatives. A travers leur document ils identifient quatre catégories des interactions [18] :

3.9.1.1 Conflit : capture la situation des interférences sémantiques ou un aspect fonctionne correctement en isolation mais ne fonctionne plus correctement, quand il est composé avec d'autres aspects. C'est une interaction négative souvent produite, si des préoccupations ont des exigences conflictuelles. Typiquement ces problèmes peuvent être résolut par une négociation et définition d'un ordre entre les aspects en conflit [18]

3.9.1.2 Dépendance : c'est la situation ou un aspect explicitement a besoin d'un autre aspect pour fonctionner correctement. Cette interaction n'est pas négative, elle ne cause pas de problème tant que l'autre aspect dont lequel il dépend est disponible et n'est pas changé. [18]

3.9.1.3 Renforcement : survient quand un aspect influence un autre aspect positivement et le renforce et permet d'étendre les fonctionnalités de cette aspect. Sans doute c'est une interaction positive [18].

3.9.2.4 Exclusion mutuelle : cette interaction capture le cas ou deux aspects ne peuvent être les deux composer à la fois, un seul aspect peut être utilisé. C'est une interaction négative, même la négociation et l'attribution d'un ordre ne peut résoudre ce genre de problème. Les aspects ici ne sont pas des aspects complémentaires, ils implémentent des politiques ou algorithmes similaires ainsi ils ne peuvent co-exister en même temps.

3.10 Discussions

3.10.1 Avantages et défis d'AORE : discussion

Dans cette section, nous résumons des caractéristiques désirables des approches AORE décrites ci dessus, qui justifient notre choix et décision de traiter le problème d'interaction des aspects dans cette phase de haut niveau d'abstraction. Bien qu'un aspect durant la phase d'analyse des exigences soit un aspect candidat, il n'est pas forcément un aspect de conception ou d'implémentation:

- Ces approches améliorent les approches d'ingénierie des exigences existantes, tout en modulant et offrant une représentation explicite aux préoccupations/ besoins qui recoupent les artefacts d'exigences.

- La représentation modulaire d'exigences transverses améliore le traçage des exigences. C'est la première étape pour assurer la traçatabilité à travers tous les autres artefacts du cycle de vie du logiciel

- En outre, comme Il devrait être possible de composer chaque préoccupation /besoins avec les autres préoccupations du système en cours de construction, La compossibilité des besoins permet non seulement de revoir l'ensemble des exigences, mais aussi permet la détection précoce de conflits potentiels afin de prendre les décisions appropriées dans les étapes ultérieures du développement.

- Lors de cette phase, les préoccupations transverses sont des aspects candidats L'analyse de leurs interactions à cette étape précoce constitue une première compréhension de leurs interactions, et la résolution des conflits potentiels entre eux conduit à un développement orienté aspect sans conflits.

En effet, la recherche dans le domaine d'AORE a montré un certain degré de succès par rapport aux approches d'ingénierie traditionnelles, Par exemple, l'approche Coca [60]et arcade[8] ont essayé de traiter le problème de composition, des approches tel que thème/Doc[38] Early-AIM [52] et ARGM[48] ont fourni un support pour l'identification et modularisation des préoccupations transversales fonctionnelles et elles ont démontré leur grande influence sur les autres exigences, des approches multidimensionnelles de l'ingénierie des exigences telles que [9,23], ont traité le problème de restriction de la structure modularisation par l'encapsulation des besoins dans une seule unité modulaire unifiée « préoccupation », ces approches [23,51] ont fourni également des efforts signifiants pour le traitement de problème de conflit entre les aspects .

Pourtant, comme on peut le constater, les travaux d'AORE manque encore de la maturité et marquent des insuffisances en :

- capacité d'identifier les préoccupations fonctionnelles transversales;
- peu de support pour la composition ou la composition manque de la richesse sémantique (les points de jonctions sont limités aux besoins individuels et sont identifiés syntaxiquement);
- faible lien entre les exigences composées et les unités architecturales [54].

En relation au problème de la composition, on marque une insuffisance et un grand manque en :

- supports, outils et méthodes ou en général en mécanisme d'identification et résolution, des compromis entre les aspects.

- et, en support de la projection et détection de l'influence des préoccupations au niveau d'exigence à des préoccupations des étapes ultérieures au cycle de vie [54]

3.10.2 Problème d'interaction entre les aspects : discutions

Toutefois, il faut noter que malgré que l'AORE met le problème d'interaction comme un de ces objectifs à atteindre, pour pouvoir aider et guider le processus de développement orienté aspect, ce problème reste actuellement un des problèmes qui ne soit pas réellement bien dressé [4]. Comme en peut constater de la classification des interactions ci dessus, totalement différente de la classification décrite dans [36], il n'est pas clair comment ces approches d'AORE s'occupent de différents type de conflits tel que des conflit aspect base, des conflits de points de jonction accidentelles et de récursivité accidentelle, des conflit d'ordre ..ect. Ces approches d'ingénierie des exigences orientées aspects

(AORE) ont souvent l'objectif de révéler l'influence des aspects et les compromis mutuels entre eux, celle-ci donne un aperçu précoce des compromis d'architecture qui facilite la négociation entre les intervenants avant de s'engager dans des choix d'architecture spécifique. En outre, bien que les préoccupations fonctionnelles puissent être transverses, généralement ce sont que les préoccupations non fonctionnelles considérées comme des aspects.

3.11. Conclusion

Dans ce chapitre nous avons discuté l'état de l'art des aspects précoces durant la phase d'analyse d'exigences, nous avons soulevés l'importance de l'ingénierie des exigences orienté aspect pour tout le paradigme orienté aspect. Toutefois le problème de traitement de conflit durant cette phase reste un des défis que l'AORE tente à traiter. Subséquemment, nous discutons les approches d'AORE actuelle. Nous détaillons les mécanismes de séparation, de composition et surtout nous investiguons les mécanismes de traitement de problème des conflits dans le chapitre suivant.

4. Les approches d'ingénierie des exigences Orientées Aspect

4.1 Introduction

Les travaux décrits dans ce chapitre sont une sélection subjective des meilleurs travaux réalisés dans le domaine d'AORE.

Notre objectif est de donner une vue assez générale du domaine, de présenter les travaux les plus célèbres et significatifs. Ainsi, bien détailler les concepts de règles de composition, aspect, préoccupation, préoccupation transverse dans cette étape précoce et bien comprendre réellement les mécanismes de composition et d'identification des aspects et surtout pouvoir faire une conclusion sur comment ces différentes approches gèrent et traitent le problème de conflit entre les aspects

4.2 L'approche développement orientée aspect avec les cas d'utilisations (AOSD/UC)

L'approche de développement orientée aspect avec les cas d'utilisation (AOSD/UC) n'est pas seulement une méthode d'analyse des exigences orientée aspect, mais une méthode de développement orientée aspect qui couvre tous le processus du développement de l'analyse jusqu'à l'implémentation. C'est une des plus importantes méthodes orientée aspect qui existe actuellement. Proposée par Jakobson, Cette approche dans son principe suggère que les cas d'utilisations sont des préoccupations transverses, puisque la réalisation de chaque cas d'utilisation touche plusieurs classes, elles sont donc implémentées comme des aspects [53]. L'approche est fortement influencée par les langages AspectJ et HyeprJ, la composition du système est spécifiée par le langage HyperJ[53] et l'approche distingue deux types de cas d'utilisations: *de base* et d'*extension. Les* cas d'utilisations de base sont indépendants les uns des autres, ils représentent les exigences de base. Les cas d'utilisations d'extension sont des fonctionnalités supplémentaires qui étendent les cas d'utilisations de base. L'approche capture également les besoins non fonctionnels comme des cas d'utilisation [53]. Bien que tous les artéfacts utilisés dans l'approche traditionnelle de cas d'utilisation soient applicables [53], l'approche AOSD/UC étend l'approche traditionnelle par deux principaux éléments: *points de coupure* et tranche de cas d'utilisation *(hyperslice)* *[53]* :

Les points de coupure se constituent d'un ensemble de points de jonction représentés par des points d'extension et des éléments tels que les classes, opérations, ...etc. Une tranche (hyperslice) de cas d'utilisation contient la spécification détaillée d'un cas d'utilisation à une phase de développement donnée [53], les points d'extension traditionnellement utilisés sont étendus par une spécification de coupure [53]. Les cas d'utilisation d'extension peuvent être référenciés à partir d'un autre cas d'utilisation de base dans leur flux d'exécution en plusieurs points d'extensions, par le nom de ces sous cas (prévue dans la section points d'extensions de la spécification de cas d'utilisation). Ces points d'extensions sont à leur tour référenciés dans les cas d'utilisation d'extension par la spécification de coupure du cas d'extension. La définition de cas d'utilisation d'extension peut être complétée par une condition d'extension et des mots clés avant, après, autour, qui reflète les conditions et La séquence d'exécution au point d'extension indiqué dans le flux d'exécution du cas utilisation base. Les points de coupes sont plus tard utilisés pour développer des points de coupe de niveau conception [53].

4.2.1 Processus de l'approche AOSD/UC

L'approche de développement couvre tout le cycle de développement: à partir de l'acquisition des exigences jusqu'à la mise en œuvre. Ici, nous allons nous concentrer seulement sur la phase d'analyse des exigences. Le processus de L'approche AOSD/UC au niveau ingénierie des exigences, est très similaire au processus des approches traditionnelles orientées cas d'utilisation. La seule différence est que l'approche préconise l'inclusion de cas d'utilisation pour les exigences non fonctionnelles comme des aspects candidats [53]. Comme cité précédemment, l'approche AOSD/UC suppose qu'un cas d'utilisation est un aspect qui recoupe plusieurs classes. Ainsi, La composition est généralement réalisée pendant la conception et l'implémentation [53,58]. Le tissage est réalisé par le langage Hyperj.

Chaque cas d'utilisation est encapsulé dans un module hyperslice et des règles de compositions sont rédigées pour composer le système [53,58].

4.2.2 Traitement de problème d'interaction entre aspects :

Comme l'approche suppose que les cas d'utilisations sont des aspects qui coupent des classes. Ces préoccupations seront certainement transversales au niveau de la conception (coupent les classes). Cependant, cela n'est pas suffisant pour qu'elles soient sûrement transverses durant l'analyse des exigences [53].

Le problème d'interaction est observé comme suit : Lorsque des cas d'utilisation de base sont composés, On doit tenir compte du chevauchement du comportement et des conflits entre les classes utilisées pour la réalisation des différents cas d'utilisation, et lorsque les cas d'utilisations d'extensions définis indépendamment du comportement de base sont tissés dans des points d'extension, leurs opérations interfèrent ensemble et en général interfèrent avec les opérations du cas d'utilisation de base [53].

Le problème d'identification et de résolution de conflit entre les cas d'utilisation de base et d'extension est laissé au développeur qui doit écrire une spécification de règle de composition satisfaisante [53]

4.3 Thème DOC de l'approche thème/UML

L'approche thème est une approche d'analyse et de conception orientée aspect qui couvre presque tout le processus de développement de l'analyse et conception jusqu'à l'implémentation. C'est à travers thème doc de l'approche thème que l'approche permet d'identifier et isoler les aspects dans les spécifications des exigences [38]. Dans la documentation des exigences, les aspects se manifestent comme des descriptions de comportements tissés ensemble, certains aspects peuvent être évidents, comme des spécifications de comportement typiques transversales, d'autres peuvent être plus subtiles, ce qui les rend difficiles à identifier. De là, l'approche thème tend à identifier et modéliser une large gamme d'aspects au début du cycle de vie du logiciel, tout en établissant une traçabilité suffisante des exigences, elle fournit un support pour l'analyse des relations entre les comportements décrit dans la documentation des exigences et permet de traduire les résultats de l'analyse dans les modèles de conception puis d'implémentation [38,39]. L'approche thème, adopte une vue multi dimensionnelle et encapsule les préoccupations dans des unités de conception cohésives appelées thème. Les thèmes sont plus ou moins similaires aux fonctionnalités identifiées par les cas d'utilisations, deux sortes de thèmes existent (voir figure 4.1.(b)): les thèmes de base, qui peuvent partager une certaine structure et le comportement avec d'autres thèmes de base, puisqu'ils modélisent leur propre point de vue, et des thèmes transversaux qui ont un comportement qui se superpose à la fonctionnalité des thèmes de base[38,39].

4.3.1 Le processus de l'approche thème/UML

Thème fournit un support pour le développement orienté aspect à deux niveaux. Au niveau des exigences, à travers les différentes vues de Thème/Doc qui exposent les relations entre les comportements de base et transversales dans un système et au niveau conception, via Thème / UML qui précise comment combiner les préoccupations bases et transverses encapsulées dans des modèles de Thème / UML, qui seront enfin implémentés par des langages de programmation orientée aspect Tel que Aspectj et Hyperj[38].

Le processus d'analyse par thème doc commence par la création des vues d'action qui aident à identifier les comportements transversaux, puis se poursuit à la planification de la conception par les vues de thème. Le développeur fournit en entrée une liste d'actions clés (des verbes sensibles) et les exigences telles que écrit dans le document original. Thème / Doc effectue l'analyse lexicale du texte et génère la vue de l'action. Chaque action est potentiellement un thème à être conçue séparément dans Thème / UML[38,39]. La figure 4.1(a) montre un exemple de la vue d'action créée par thème/Doc.

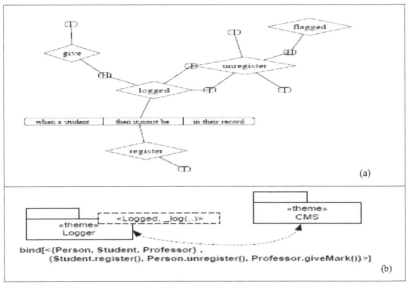

Figure 4.1 : l'approche thème/UML, (a) : la vue d'action de thème doc, (b) : exemple de liaison de thème d'aspect

Le but de la vue d'action est de mettre en évidence les relations entre les actions, si la phrase d'exigence contient une action clé, l'action sera liée à l'enregistrement phrase. Comme, aucune de ces actions dans les exigences n'est isolée du reste, les actions sont examinées pour identifié les exigences communes et déterminer quelles sont les actions de base et les actions transverses. Les actions de base sont des actions qui concernent une seule exigence, cependant les actions transverses sont reliées à plusieurs exigences [38].Un outil de découpage supprime les liens reliant les exigences au actions de base de sorte qu'elles soient seulement liées aux aspects, cela permet de montrer, et identifier les comportements transverses. Par la suite en passe à la planification de la phase de conception par les vues de *thème*. Similairement, au vu d'action, les vues de thème sont créées à travers une analyse lexicale du texte de la description des besoins. Cependant, ils ne montrent pas seulement les exigences et les actions, mais montrent aussi les éléments clés du système qui devront être considérés pour chaque thème de conception dans le thème/ UML[38.39].

Durant la phase de conception, Thème/ UML est utilisé pour la modélisation des thèmes identifiés. Thème UML modélise un thème transversal d'une manière abstraite et potentiellement réutilisable, pas de référence explicite à une action ou entité de base. Les vues de thèmes relatifs aux thèmes transversaux aident à l'identification de ces éléments. La fonction *bind* de Theme/ UML est utilisée pour lier un thème transverse à une méthode concrète d'un thème de base. Enfin, il faut noter ici que l'approche thème consiste à vérifier les choix de conception faites durant la conception dans l'environnement de l'analyse, ainsi thème/Doc augmente les vues de thème avec des représentations de ces décisions de conception.

4.3.2 Traitement de problème d'interaction entre aspects

Bien que l'approche n'est pas adaptée aux applications de grande échelle [53] , l'approche apporte un soutien assez efficace pour l'identification des aspects, et peut aider pour la détermination de l'ordre de liaison de plusieurs thèmes transversaux. Cela peut en être autrement difficile à déterminer [38,39].

Essentiellement thème/ Doc permet au développeur d'affiner les points de vue des exigences afin de révéler les fonctionnalités transversales dans le système et de maintenir la traçabilité des exigences. Les vues de Thème/ Doc correspondent directement au modèles de thème/ UML. Mais comme l'approche ne compose pas les aspects (thème transverse) lors de la phase d'analyse, l'approche ne donne pas un support explicite pour le traitement du problème d'interaction des aspects durant cette phase [38].

4.4 L'approche: les aspects dans les modèles d'exigences orientés but (Aspects in Requirements Goal Models)

L'approche : les aspects dans les modèles d'exigences orientés but (ARGM) décrite dans [48] , suppose que certains aspects peuvent être identifiés à travers l'analyse des besoins dirigée par les buts. Spécifiés par un graphe d'interaction but/softgoal (SIG), les objectifs fonctionnels et non fonctionnels et par la suite les sous objectifs et softgoals (préoccupation non fonctionnelle) sont récursivement décomposés jusqu'à ce qu'ils puissent être réduits à une tâche/opérationnalisation spécifique. A la fin, les aspects sont détectés comme des opérationnalisations qui coupent les objectifs et softgoal parent. Tous les artéfacts des approches orientées objectifs traditionnels sont également utilisés dans cette approche. En outre un graphe particulier V-graphe est utilisé afin de raisonner sur les interdépendances entre les exigences fonctionnelles et non fonctionnelles et représenter les relations entre les objectifs, softgoals et aspects [48].

4.4.1 Processus de l'approche ARGM

Le processus d'identification des aspects par l'approche ARGM est un processus clair et simple, il est réalisé par une décomposition des objectifs /softgoal. Nous indiquons ci dessous les procédures les plus importantes pour cette décomposition [48].

Le processus de décomposition commence par un appel à la procédure *AspectFinder,* qui prend en entrée un ensemble des nœuds de type softgoal et objectif, et itérativement, les subdivise en des sous objectifs et sous softgoals introduits par l'utilisateur. La procédure *Décomposer* est utilisée pour entrer de nouveaux nœuds de type sous buts, définie à partir des objectifs et softgoals parents, la procédure de *corrélation est utilisée pour* corréler ces objectifs à leurs décompositions et établir les relations initiales entre les objectifs fonctionnels de racine et les softgoals, ainsi les contributions de satisfaction sont propagées par les sous buts à leurs objectifs parents, sur les liens de corrélation. Cependant, la résolution de conflit est maintenue par La procédure *Résoudre les conflits qui* résout les conflits entre les objectifs et les sous objectifs, si un des sous objectifs fournit une contribution négative au parent, la procédure de résolution de *conflits* est invoquée, elle supprime le lien reliant les sous objectifs en conflit à leur but parent. Enfin, la procédure *ListAspects* identifie les aspects, ils sont des opérationnalisations de softgoals qui contribuent à plusieurs objectifs fonctionnels. Les préoccupations transverses fonctionnelles et non fonctionnelles peuvent alors être identifiées comme des opérationnalisations qui contribuent à plusieurs objectifs et softgoals[48].

4.4.2 Traitement de conflits entre les aspects

Le problème de conflit entre les aspects est traité par le mécanisme d'interdiction de la décomposition d'objectifs à des sous objectifs qui lui contribuent négativement, et par la suppression des liens reliant les sous objectifs en conflit à leur but parent [53]. Il est évident que par un tel traitement de problème de conflit, les besoins des utilisateurs peuvent ne pas être correctement mis en correspondance avec des sous objectifs et les opérationnalisations [53].

4.5 L'approche d'ingénierie des exigences orientées aspect par ARCADE

L'objectif de l'approche arcade décrite dans [8] est la modularisation et la composition des préoccupations transverses au niveau d'exigences. L'approche se base essentiellement sur les points de vue et la séparation entre la spécification des exigences aspectuelles, non aspectuelle et les règles de composition. La réalisation concrète de l'approche est effectuée par l'utilisation des modèles bien définis à base de Langage XML. Une telle représentation semi structurée des préoccupations, permet et rend possible la définition des règles de composition en précisant la façon dont une préoccupation influence les exigences dans d'autres préoccupations, et également permet l'analyse de la composition des aspects sur des modules de base pour l'établissement de points de compromis possibles. Les règles de composition sont informelles, souvent spécifiques à la préoccupation, des actions et des opérateurs précisent comment une exigence aspectuelle contraint les d'autres exigences non aspectuelles [8]. L'approche raffine le modèle d'ingénierie des exigences orientée aspect (AORE) présenté dans [7] qui n'inclut pas un support explicite à la négociation des exigences basées sur l'analyse des compromis aspectuels et la révision de la spécification.

4.5.1 Processus de l'approche Arcade

Le modèle générique de l'approche arcade est présenté dans la figure 4.2
(a) L'approche Arcade commence par une étape d'identification et
spécification des *préoccupations* et des exigences des intervenants,
l'approche utilise une approche basé point de vue pour leur identification.
Les exigences sont représentées et modulées comme des points de vue,
tandis que les préoccupations sont identifiées par l'analyse des exigences
initiales [8]. Les figures 4.2(c) et 4.2.(d) respectivement montrent un
exemple de description des d'exigences et préoccupations au format XML.

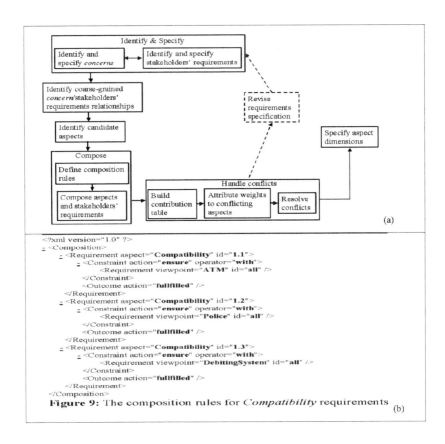

```
<?xml version="1.0" ?>
<Composition>
   <Requirement aspect="Compatibility" id="1.1">
      <Constraint action="ensure" operator="with">
         <Requirement viewpoint="ATM" id="all" />
      </Constraint>
      <Outcome action="fullfilled" />
   </Requirement>
   <Requirement aspect="Compatibility" id="1.2">
      <Constraint action="ensure" operator="with">
         <Requirement viewpoint="Police" id="all" />
      </Constraint>
      <Outcome action="fullfilled" />
   </Requirement>
   <Requirement aspect="Compatibility" id="1.3">
      <Constraint action="ensure" operator="with">
         <Requirement viewpoint="DebitingSystem" id="all" />
      </Constraint>
      <Outcome action="fullfilled" />
   </Requirement>
</Composition>
```

Figure 9: The composition rules for *Compatibility* requirements
(b)

92

(c)

```
<?xml version="1.0" ?>
<Viewpoint name="Gizmo">
  <Requirement id="1">
  The gizmo identifier is read by the system.
    <Requirement id="1.1">The gizmo identifier is validated by the system.</Requirement>
    <Requirement id="1.2">The gizmo is checked by the system for being active or not.</Requirement>
  </Requirement>
</Viewpoint>
```

Figure 4: The *Gizmo* viewpoint in XML

(d)

```
<?xml version="1.0" ?>
<Concern name="Compatibility">
  <Requirement id="1">
  The system must be compatible with systems used to:
    <Requirement id="1.1">activate and reactivate gizmos;</Requirement>
    <Requirement id="1.2">deal with infraction incidents;</Requirement>
    <Requirement id="1.3">charge for usage.</Requirement>
  </Requirement>
</Concern>
```

Figure 6: The *Compatibility concern* in XML

VP / Concerns	P	Gz	DS	ATM	TG	PT	ST	ExT	FT	Vh	UV	VO	Reg.	Act.	Bill.	Adm.
Response Time	✓		✓	✓	✓	✓	✓	✓	✓	✓						
Availability	✓		✓	✓	✓	✓	✓	✓				✓	✓			✓
Security	✓		✓								✓	✓	✓	✓	✓	✓
Legal Issues	✓						✓					✓		✓		
Compatibility	✓		✓	✓										✓		
Correctness	✓	✓	✓		✓	✓	✓	✓	✓			✓	✓	✓	✓	
Multi Access	✓		✓	✓	✓	✓	✓	✓	✓	✓						✓

(e)

Aspects	Response Time	Availability	Security	Legal Issues	Compatibility	Correctness	Multi-Access
Response Time		+	−			−	−
Availability							+
Security						+	
Legal Issues					+	+	
Compatibility							
Correctness							
Multi-Access							

(f)

Figure4.2 : l'approche arcade, (a) : le modèle générique de l'approche ,(b) une règle de composition,(c) spécification d'exigences,(d) spécification des préoccupations, (e) matrice de relation , (f) matrice de correspondance [8]

Dans ces modèles de description, La structure est suffisamment explicite. Respectivement la balise *Point de vue/concern* indique le début d'un point de vue/préoccupation tandis que balise *Exigence* dénote le début d'une exigence. Chaque exigence est identifiée par un *identifiant* unique dans son champ d'application (le point de vue).

Une fois les procurations et les points de vue identifiés, l'étape suivante consiste à les mettre en relation, par la construction de la matrice des relations (voir la figure4.2 (e)) qui permet de montrer la relation de coupure (préoccupation- point de vue). On peut par exemple observer que les exigences de la préoccupation temps de réponse influencent les exigences de presque tous les points de vue [8]. Par conséquent cela permet d'identifier les préoccupations transverses qualifiés *aspects candidats*. Puis dans l'étape suivante on passe à définir et spécifier des règles de composition détaillée. Ces règles sont spécifiées à un niveau de granularité plus fine que la matrice de relation, au niveau des besoins individuels et pas seulement aux niveaux des modules encapsulant. Cela rend possible de spécifier la manière dont une exigence aspectuelle influence le comportement d'un ensemble de besoins non aspectuels dans différents modules [8]. A son tour, L'étape d'identification et résolution des conflits est initiée après avoir tissé les préoccupations. Ceci est essentiellement réalisé par la construction de la matrice de contribution et l'attribution des poids aux aspects qui se contribuent négativement l'un à l'autre par rapport à un ensemble d'exigences des intervenants. La résolution des conflits pourrait conduire à une révision de la spécification des exigences, et ainsi les exigences sont re-composées et des nouveaux conflits identifié sont résolus. Le cycle est répété jusqu'à ce que tous les conflits aient été résolus par des négociations efficaces [8].

Enfin, La dernière activité ou étape dans ce modèle est l'identification des dimensions d'un aspect. L'approche arcade suppose que les aspects à cette phase précoce Ont un impact qui peut être décrit en termes de deux dimensions [8]:

- Projection: un aspect peut être projeté sur une fonctionnalité du système/ fonction (par exemple une méthode simple, un objet ou composant), décision (par exemple une décision pour le choix d'architecture) et à des aspects de conception et donc des aspects d'implémentation.

- Influence: un aspect pouvant influencer différents points dans le cycle de développement, par exemple la disponibilité influe l'architecture du système, cependant le temps de réponse influence l'architecture et la conception détaillée.

4.5.2 Composition et règle de composition:

Les aspects et les points de vue sont composés en utilisant les règles de composition, cela conduit à l'identification des conflits entre les aspects dont des exigences qui contraignent les mêmes ensembles d'exigences d'un point de vue. Les règles de composition définissent les relations entre les besoins aspectuels et les exigences individuelles des points de vue. La figure 3.4.(d) montre un exemple de règle de composition en format XML encapsulé entre la balise *Composition*. La balise *Exigence* a au moins deux attributs le point de *vue* ou l'exigence est défini et un *identifiant* qui l'identifie de manière unique. La balise *contrainte* (contraint) a son tour définit une action, souvent spécifique à la préoccupation, et un opérateur qui définit la façon dont les exigences des point de vue sont contraignait par une exigence aspectuelle. Cependant, La balise *Résultat* (outcome) définit le résultat de tissage des exigences aspectuelles sur les exigences des points de vue. La valeur d'action indique si d'autres exigences des points de vue doivent être satisfaites ou simplement la contrainte spécifiée doit être *remplie [8]*.

Il faut noter ici que les actions liées au *résultat* sont génériques et non spécifiques à un aspect particulier et également, pas toutes combinaisons opérateur-action sont valables dans la spécification des *contraintes* d'un aspect particulier. Enfin il faut indiquer que l'outil ARCADE dans certains versions permet l'optimisation de processus de composition d' où les interactions potentielles ou de conflit peuvent être déduites a partir des règles de composition sans avoir besoin de composer les aspects et les points de vue avant que les conflits aient été traité.

4.5.3 Traitement de conflits entre les aspects

L'approche identifie et résout les conflits après avoir composé les aspects candidats et les exigences des intervenants du système en utilisant les règles de composition. Les compromis aspectuels peuvent être observés à une granularité plus fine. Ceci évite la nécessité des négociations inutiles entre les intervenant au système pour des cas où il pourrait y avoir un compromis apparent entre deux (ou plusieurs) aspects différents, mais, des exigences isolées sont influencées par chacun d'eux. Cela facilite également l'identification de conflits individuels entre les exigences aspectuelles à l'égard de laquelle les négociations des compromis doivent être menées et établies [8].

Dans cette approche, l'identification et la résolution des conflits entre les aspects candidats est effectuée comme suit :

Construire le tableau de contribution : la figure 4.2.(f) montre la matrice de contribution qui indique de quelle manière (positivement ou négativement) un aspect contribue aux autres. La matrice est symétrique, une seule partie diagonale supérieure (ou inférieur) est examinée, la préoccupation *Temps de réponse* par exemple contribue négativement à *la sécurité*. Un conflit est identifié si des aspects se contribue négativement s'appliquent aux mêmes ensembles d'exigences dans les points de vue.

Attribuer des poids à des aspects contradictoires : l'attribution de poids aux cellules [aspect, aspect] de la matrice où les aspects contradictoires s'appliquent aux mêmes points de vue aide à résoudre les conflits aspectuels. Les valeurs sont données en fonction de l'importance de chaque aspect pour chaque point de vue, les échelles utilisées sont basées sur des idées de la logique floue et ont la signification suivante:

- *Très important* prend ses valeurs dans l'intervalle] 0,8 .. 1,0]
- *Important* prend des valeurs dans l'intervalle] 0,5 .. 0,8]
- *Moyenne* prend ses valeurs dans l'intervalle] 0,3 .. 0,5]
- *pas si important* prend ses valeurs dans l'intervalle] 0,1 .. 0,3]
- *pas* trop signifiant prend des valeurs dans l'intervalle [0 .. 0,1]

Résoudre les conflits : le poids attribué est utilisé pour résoudre les conflits, comme le poids exprime des priorités. Toutefois, si deux aspects contribuent négativement l'un à l'autre et ont le même poids, une négociation est nécessaire entre les intervenants, pour résoudre le problème [8].

4.6 L'approche d'ingénierie orientée aspect par UML

Cette approche décrite dans [15] vise à assurer la séparation des préoccupations transversales au niveau des exigences en utilisant UML. Essentiellement l'approche a deux objectifs permettre l'identification précoce des compromis entre les propriétés de portée générale pour aider à prendre les bonnes décisions et fournir une approche apte à être incorporée dans les pratiques actuelles d'ingénierie Étant conforme au standard UML. Cette approche orientée aspect intègre les préoccupations transversales non fonctionnelles dans les diagrammes d'UML d'exigences, ce sont des propriétés globales d'un système qui contraient les exigences fonctionnelles [15].

4.6.1 Processus de L'approche :

L'approche [15] est une réalisation basée UML du modèle et processus général de l'approche arcade décrit dans [8]. La figure 4.3(b) représente le modèle de l'approche dont le processus général est divisé en trois sections principales:

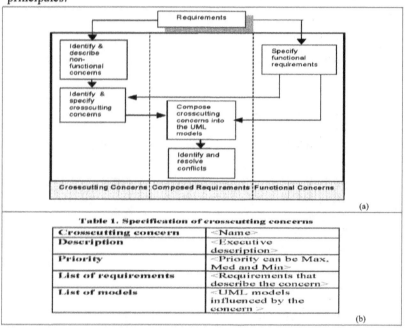

Figure 4.3 : l'approche d'ingénierie orientée aspect par UML,(a)le modèle générale,(b) modèle de descriptions des aspects [15]

• **Préoccupations transversales:** cette section s'occupe de l'identification des préoccupations transverses, en premier des exigences non fonctionnelles sont identifiées puis, des aspects candidat sont identifiés parmi les exigences non fonctionnelles qui sont transversaux, les aspects sont spécifiés en utilisant un modèle de description (figure 4.3(b)).

• **Les préoccupations fonctionnelles:** cette section s'occupe de la spécification des exigences fonctionnelles traditionnelles. Des diagrammes UML sont utilisés pour la spécification technique des modèles de cas d'utilisation.

• **Exigences Composé:** ici on s'occupe de la composition des exigences. On tisse les aspects sur des modèles UML d'exigences fonctionnelles, puis on identifie et on résout les conflits qui peuvent apparaitre [15]. Les concepts chevauchement, substitution et enrichissement (Overlapping, Overriding , Wrapping), couramment utilisés dans les approches de la séparation des préoccupations [15, 8, 6,53] sont utilisés pour délimiter la composition des aspects.

4.6.2 Traitement de problème d'interaction entre aspects :

Afin de traiter le problème d'interaction entre les aspects, l'approche [15] suggère d'examiner la situation au cours de la composition. D'abord l'approche étudie la contribution d'une propriété globale par rapport à toutes les autres, cette contribution peut être positive ou négative. Si deux propriétés globales (ou plus) contribuent négativement l'une à l'autre et si et seulement si, ces propriétés influencent les mêmes exigences, c'est une situation conflictuelle. Pour résoudre, une décision doit être prise en termes d'aspect qui doit être composé en premier. Pour cela une négociation de compromis doit être établie avec les intervenants, et des priorités sont attribuées aux préoccupations [15].

4.7 L'approche composition et validation des interactions par aspect

Reconnaissant, l'importance et la nécessité d'avoir à la phase d'ingénierie des exigences des moyens de modélisation des préoccupations transversales de façon indépendante, et des moyens de les composer avec les autres exigences. L'approche composition et validation des interactions par aspect décrite dans [49,50] met l'accent sur la séparation, représentation des aspects lors de la modélisation de cas d'utilisation. Elle aborde la problématique de la modélisation des aspects dans le cadre de la modélisation des interactions. L'approche modélise les aspects comme des patrons de spécifications d'interaction (IPS) qui sont composés avec des modèles d'interactions non aspectuelles à l'aide d'instanciation. Le modèle d'interaction composé peut être ensuite automatiquement transposé en un ensemble de machine d'états qui peuvent être simulés, cela permet de fournir des rétroactions rapides et précoces sur le système en cours de construction [49].

4.7.1 Processus de l'approche :

La figure 4.4(a) montre le processus global de l'approche, il passe par les étapes suivantes :

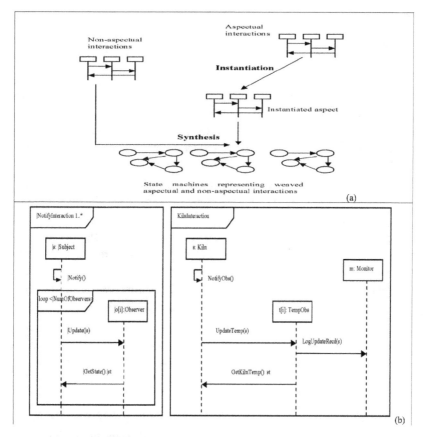

(a)

(b)

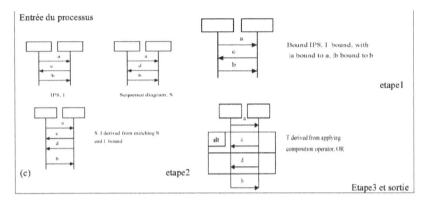

Figure 4.4 : l'approche composition et validation des interactions par aspect: (a) le processus général de l'approche, (b) exemple d'instanciation d'IPS, (c) exemple générique de composition [49]

- chaque cas d'utilisation est affiné par des modèles d'interactions. des diagrammes de séquence UML sont utilisés.
- les interactions aspectuelles (interactions qui recoupent d'autres interactions) sont modélisées en tant que patron de spécification d'interaction (IPS)
- l'IPS doit être instancié pour pouvoir tisser l'aspect sur un modèle d'interaction non aspectuel (ici représenté par des diagrammes de séquence UML).
- après avoir instancié et composé les interactions aspectuelles et non aspectuelles et pour pouvoir le valider, Le diagramme de séquence composé est transformé en un modèle exécutable, tel que la machine d'état d'UML. La transformation de diagramme de séquence aux machines d'état est entièrement automatique. Les interactions peuvent alors être testées et simulées immédiatement.

4.7.2 La composition des aspects et L'instanciation d'IPS

L'approche représente les aspects comme des patrons de spécification (PS). En particulier, ce sont des patrons de spécification d'interactions (IPS). Les patrons d'interactions sont un moyen très adapté à la modélisation des exigences précoces, ils montrent des échanges entre les composants du système sans montrer les détails internes du comportement.

Le patron de spécification (PS) est un moyen qui formalise le comportement et les caractéristiques structurelles d'un motif, ses notations sont basées sur l'UML et la notion de rôle [49]. Un PS peut être instancier en affectant des éléments de modélisation à ces rôles. Un modèle est conforme au patron de spécification si les éléments de modèle instancier jouant les rôles du patron de spécification satisfont les propriétés définies par ces rôles. Un IPS donc est un patron de spécification qui définit un patron d'interaction entre ses participants [49]. La figure 4.4.(b) montre un exemple d'instanciation d'IPS . Le diagramme de droite est conforme au diagramme de gauche si les instanciations suivantes sont apportées[49]:

1. Bind |NotifyInteraction to KilnInteraction
2. Bind |s to s
3. Bind |Subject to Kiln
4. Bind |o[i] to t[i]
5. Bind |Observer to TempObs Bind
6. Bind |Notify to NotifyObs
7. Bind |Update to UpdateTemp
8. Bind |GetState to GetKilnTemp
9. Bind |st to st

Pour tisser l'aspect sur un modèle de base, il faut instancier le patron de spécification (IPS), Le processus d'instanciation d'IPS est de ce fait le processus de tissage, il est expliqué par un exemple générique montré dans la figure 4.4.(c) . Ce processus a quatre entrées:
- un aspect, I IPS
- un diagramme de séquence S, coupé par l'aspect I
- une liaison (binding) des rôles d'éléments de l'aspect I aux éléments de modélisation concrète de S
- un opérateur de composition qui définit la façon dont I doit être intégré dans S.

Il a une sortie : un diagramme de séquence T, qui représente la composition de I et S

Le processus de composition est comme suit :
• instancier l'IPS en appliquant la liaison aux éléments de rôle de l'aspect I. le résultat est un diagramme de séquence I_bound.
• dériver un nouveau diagramme de séquence S-I par correspondance, des éléments du diagrame I_bound aux éléments de diagramme S.

Les éléments de diagramme I_bound sont insérés dans S pour produire S-I.

- modifier le diagramme S-I en T en appliquant l'opérateur de composition. L'opérateur de composition définit la façon dont les diagrammes I_bound et S doit interagir [49].

Actuellement, l'approche permet les trois opérateurs de composition suivants : OU, ET, et IN. L'operteur OU spécifie que I_bound et S sont des scénarios alternatifs il y a un point donné un choix qui décide entre l'exécution de I_bound ou S, l'operateur ET précise que les scénarios I_bound et S doivent s'exécuter simultanément (d'une manière concurrente) et l'opérateur IN spécifie que I_bound doit être inséré dans S (le sous scénario I_bound s'exécutera dans S, après sa terminaison l'exécution sera de retour à S) [49].

4.7.3 Traitement de problème de conflit entre les aspects :

L'approche décrite dans [49], se concentre sur la composition des modèles d'interactions par aspect pour que le système soit validé. Elle ne propose aucune solution pour détecter et analyser les interactions entre les aspects [49]. Ce pendant des problèmes en ordre de composition d'élément d'IPS sur un modèle non aspectuel et ainsi des interactions (aspect base) sont souvent affrontés, il faut avoir outre une insertion par défaut des directives heuristiques pour décider entre les différents ordres possibles [49]. Par conséquent, on peut prévoir d'autres problèmes et difficultés en cas de tissage de plusieurs aspects qui interagissent dans un même point.

4.8 Approche d'analyse des interactions entre aspects basées sur la théorie de transformation de graphe

L'approche décrite dans [10] se concentre sur l'analyse des interactions d'aspects et les incompatibilités potentielles dans des modèles d'exigences. Elle utilise UML par une approche guidée par les cas d'utilisation pour modéliser les exigences. L'approche présume que la théorie de transformation des graphes peut être efficacement utilisée pour raisonner sur les interactions et les incohérences causées par la composition orientée aspect. Dans cette approche [10], l'analyse est effectuée avec l'outil de transformation de graphe AGG, elle étend des techniques informelles qui utilisent des pré et post-conditions pour décrire le comportement par une analyse plus formelle et rigoureuse. Des règles de transformation de graphe sont utilisées comme un modèle formel pour spécifier le comportement par des pré et post conditions et fournir un support pour la détection des interactions et des incohérences potentielles entre les spécifications comportementales [10].

4.8.1 Processus de l'approche

Les notions orientées aspect dans cette approche sont analogique a AspectJ:

• Un advice est modélisé par un cas d'utilisation, puis spécifié par des diagrammes d'activité et des pré et post conditions.

• Les points de coupure sont les spécifications qui correspondent à une activité, une correspondance partielle, des noms est possible. Chaque activité peut donc être un point de jonction.

• Les opérateurs avant, après et remplacer indiquent que l'advice du cas d'utilisation est exécuté avant, après ou au lieu de chaque activité qui lui correspond. Les points de coupure sont définis de manière statique, et non dynamiquement.

Le processus général de l'approche passe par les étapes suivantes :

Etape1: les étapes d'un cas d'utilisation sont affinées par des diagrammes d'activité. L'approche utilise le diagramme de classe du modèle de domaine qui joue un rôle important pour obtenir les pré et post conditions. Pour chaque activité on obtient des instances prototypes, représentés par des diagrammes d'objets qui se prêtent à la description de tels pré et post condition. Les instances sont arbitraires mais fixes.

Etape 2 : est l'étape de composition et analyse d'interactions des aspects. Durant cette étape les interactions sont analysées et les effets d'un modèle à aspect sur les autres modèles (base) sont compris. La composition devrait être possible et ne doit pas violer les contraintes d'autres comportements

[10], l'approche distingue entre les interactions de conflits et les interactions de dépendances.

- Une activité A2 est en *conflit* avec une activité A1, si A2 ne peut avoir lieu après A1, car les conditions de A2 sont violées par les post-conditions de A1 [10].

- Une activité A2 est dépendante d'une activité A1 si A1 produit un élément nécessaire par l'activité A2 ou supprime un élément interdit par A2 [10].

Durant la composition, les deux flux de contrôle sont fusionnés, et les activités des modèles devenaient directement ou indirectement des successeurs et des prédécesseurs ou remplaçant l'un les autres. Tous les conflits et les dépendances doivent être prises en compte afin de déterminer si la fusion est réussie. L'approche compare les pré et post conditions des activités concernées afin d'établir les conflits et les dépendances potentiels entre les activités. Ainsi, toute conflit qui peut être effectif est analysé [10], une telle analyse manuelle est inefficace et source d'erreurs. L'analyse de conflits et dépendances est automatisée en utilisant l'environnement d'outils AGG de transformation des graphes [10]

4.8.2 Automatisation de l'analyse de conflits et des dépendances par AGG

La transformation de graphe, est une séquence de transformation et d'application des règles, constituée de plusieurs étapes de transformation. Les règles sont exprimées par une partie gauche qui représente le pré condition de la règle et une partie droite qui décrit les post conditions. La réalisation d'une étape de transformation par la règle consiste à correspondre un élément m de la partie gauche dans la partie droite, elle est réalisé en deux passes: (1) supprimer tous les éléments qui doivent être supprimés; (2) créer tous les éléments qui doivent être créés.

Ainsi, l'analyse des conflits et des dépendances transformations de graphes peut être comparée au test dynamique d'un programme. La transformation de graphe peut montrer certains types de non déterminisme, dans le cas où deux transformations de graphes peuvent être appliquées à un même (élément) de graphe. Le résultat pourrait être le même, indépendamment de l'ordre d'application. Autrement, si l'une des deux transformations n'est pas indépendante de la seconde, la première peut désactiver la seconde : les deux règles sont en conflit. Cependant, les indépendances séquentielles garantissent que l'ordre d'application d'une transformation ne désactive pas la seconde [10]. L'analyse aurait plus de valeur, si elle pourrait être statique (tel qu'une compilation). Une approche prometteuse dans cette direction est l'analyse de situations potentiellement conflictuelles par des paires critiques [10]. L'ensemble des paires critiques représente précisément tous les conflits potentiels. Il existe une paire critique si, et seulement si, la règle p1 peut désactiver la règle p2 ou, inversement, les conflits donc peuvent être de types suivants:

- L'application de p1 supprime un objet de graphe utilisé pour correspondre p2.
- L'application de p1 produit une structure de graphe qui interdit p2.
- L'application de p1 change une valeur d'attribut utilisé pour correspondre p2.

Les résultats sont présentés sur une matrice de conflit et une matrice de dépendance, dont les lignes et colonne correspondent à toutes les activités. Un nombre positif dans la matrice de conflit indique que la ligne B est en conflit avec la colonne A. un nombre positif dans la matrice de dépendance signifie que la ligne B dépend de A. Puis, un *diagramme* qui capture tous Les *chaînes* en conflit et en dépendances est généré à partir des deux matrices. Enfin le flux de contrôle composé est comparé aux conflits et les dépendances dans le graphe générés.

Noter ici que l'approche reconnaît la difficulté de généraliser sur des conflits et des dépendances dont les activités ne sont pas des prédécesseurs et successeurs directs de l'activité touchée. Aussi, du aux cycles potentiels dans les diagrammes d'activité et graphe de conflit, on ne peut savoir si le diagramme d'activité composé est pareil au graphe de conflit et dépendances. Ce très difficile problème ne peut être résolu que de manière compréhensive, l'utilisation d'AGG ainsi présenté prévoit seulement un aide formel pour sa résolution [10].

4.9 L'approche un processus de composition des aspects dans AORE :

L'approche présentée dans [6] propose un éventuel processus de composition des préoccupations transversales avec les exigences fonctionnelles. Les principaux concepts de ce processus sont ceux de point de correspondance, aspect dominant, les aspects conflictuels et règle de composition. Essentiellement l'approche se concentre sur la façon de composer les exigences transversales avec d'autres préoccupations, seules les exigences non fonctionnelles, sont gérées comme des aspects candidat [6]. Pour mener à bien le processus de composition la notion de point de correspondance (*point match*) une abstraction du concept de point de jointure, est introduite. C'est là qu'une une préoccupation transversale devrait s'ajouter sur le comportement des exigences fonctionnelles (une classe, par exemple). Ainsi pour chacun de points de correspondance, une règle de composition est définie [6].

4.9.1 Processus de L'approche:

Le processus général de l'approche passe par les étapes suivantes:

- **Identifier les préoccupations:** consiste à identifier toutes les préoccupations du système, fonctionnelles et non fonctionnelles. Les exigences fonctionnelles sont identifiées par des cas d'utilisation, les exigences non fonctionnelles peuvent être identifiées en utilisant des méthodes orientées objectifs.

- **Spécifier les exigences fonctionnelles et les préoccupations** : cette activité est divisée en deux parties principales: (1) spécifier les exigences fonctionnelles et les préoccupations, le terme préoccupation ici indique des exigences non fonctionnelles. La figure 4.5(a) montre le modèle de description des préoccupations. (2) identifier les aspects candidat parmi les préoccupations, l'information «ou : where » dans le modèle de description est utilisée pour déterminer si elle est transverse [6]

- **Composer les aspects candidats avec les exigences fonctionnelles:** le but est d'intégrer les exigences et les aspects candidats pour obtenir tout le système.

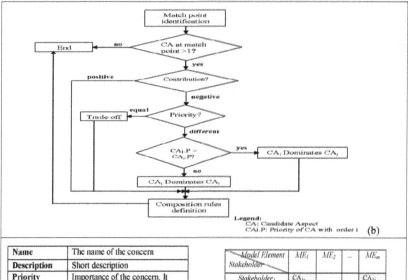

Figure 4.5 : L'approche un processus de composition des aspects dans AORE, (a) le modèle de description des préoccupations, (b) le processus de composition,(c) la matrice de correspondance [6]

Les principales étapes qui guident le processus de composition sont les suivantes:

- déterminer comment chaque aspect candidat influe les besoins fonctionnels, qu'il coupe
- identifier les points de correspondance (figure4.5 (c))
- identifier les conflits entre les aspects candidats
- identifier l'aspect dominant basé sur la « priorité » indiqué dans le modèle de spécification.
- à partir des quatre étapes ci-dessus, définir la règle de composition [6].

4.9.2 Traitement de conflits entre les aspects:

L'approche suppose une activité d'identification et de résolution des conflits entre les aspects candidats. Lorsque la même cellule de la matrice de correspondance contient plus d'un aspect candidat, un conflit est identifié s'ils se contribuent négativement. Pour résoudre cette situation conflictuelle, la priorité de chaque aspect candidat impliqué est vérifiée, l'approche identifie l'aspect dominant ayant une priorité maximale pour être composé en premier. Si les aspects en conflits ont la même priorité (très Important) il faut négocier le compromis avec les intervenants pour déterminer l'aspect dominant. Enfin, des règles de composition attribuées au point de correspondance sont définies, ces règles de composition expriment l'ordre séquentiel dont lequel chaque aspect candidat doit être composé [6].

4.10 L'approche intégration d'NFR

Cette approche est une version améliorée des travaux déjà présentés[35], elle s'appuie principalement sur l'approche séparation avancée des préoccupations pour l'ingénierie des exigences [17] et sur processus de composition des préoccupation transverses[6] La nouveauté introduite ici est d'une part, l'utilisation des catalogues tels que le catalogue de la plateforme NFR pour aider à identifier et préciser les préoccupations et d'autre part, un raffinement des règles de composition en utilisant de nouveaux opérateurs inspirés des opérateurs LOTOS: ces opérateurs prennent la forme: <préoccupation> <opérateur> <préoccupation> . Ils sont décrits ci-dessous [35] :

- Activation (notée C1>> C2): il s'agit d'une composition séquentielle et signifie que le comportement de C2 commence si et seulement si C1 se termine avec succès.
- Désactivation (notée C1 [>C2): signifie que C2 interrompt le comportement de C1 quand il commence son propre comportement, ceci permet la représentation des interruptions.

- Pure entrelacement (notée C1 ||| C2): il s'agit d'un opérateur parallèle et signifie que C1et C2 évoluent séparément, il représente la composition simultanée sans interaction.
- Synchronisation complète (notée C1 || C2): c'est un autre opérateur parallèle et signifie que le comportement de C1 doit être synchronisé avec le comportement de C2, il représente une interaction avec composition concurrente.

Une règle de composition est spécifiée en utilisant les opérateurs ci-dessus, des parenthèses"(" et ")" sont utilisées pour attribuer des priorités aux opérateurs [35].

4.10.1 Processus de L'approche :

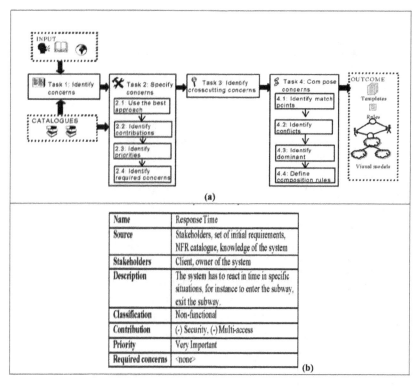

Figure4.6 : L'approche intégration d'NFR,(a) le modèle générique de l'approche,(b) :modèle de description des préoccupation[35]

La figure 4.6(a) présente le modèle générique de l'approche [35]. Le processus est composé de quatre tâches principales: identifier les préoccupations, spécification des préoccupations, identifier les préoccupations transversales et enfin composer des préoccupations. En dépit de la direction des flèches, indiquant un développement par étape, le processus qui guide le modèle est itératif et incrémental.

Tâche1: identifier les préoccupations: l'identification des préoccupations est réalisée en procédant à une analyse exhaustive de la documentation et toute autre information fournie. Le rassemblement des exigences peut être réalisé en utilisant toutes les techniques existantes, jusqu'à présent, seule les points de vue et UML sont utilisés par l'approche [35]. Cependant, l'approche propose l'utilisation des catalogues existants, tels que le catalogue de la cadre NFR pour simplifier l'identification des exigences non fonctionnelle. Le résultat de la tâche1 est l'achèvement des lignes Nom, Source, Intervenants et Description. Dans le modèle de description des préoccupations (figure4.6.b), les autres lignes seront remplies au cours de la tache suivante

Tâche 2: spécifier les préoccupations: est divisée en quatre sous tâches: appliquer l'approche qui spécifie le mieux chaque problème; identifier les contributions entre les préoccupations de sorte que les conflits peuvent être détectés; identifier les priorités, identifier la liste des préoccupations nécessaires pour accomplir son comportement . Pour identifier les contributions entre les préoccupations, la relation de contribution entre deux préoccupations définit la manière dont une préoccupation influence l'autre, cette contribution peut être de collaboration (positive) et est représenté par "+", ou des dommages (négatif) et est représentée par "-". Cette information constitue le moyen de base pour détecter les conflits entre les préoccupations. Cependant la tâche d'identification des priorités consiste à identifier pour chaque préoccupation son degré d'importance dans le système, cela se fait avec les intervenants du système. Aussi, l'approche identifie la liste des préoccupations nécessaires que la préoccupation en cours d'étude a besoin pour accomplir son rôle, si cette préoccupation ne nécessite aucune autre préoccupation le mot-clé <none> est utilisé.

Tâche 3: identifier les préoccupations transversales est accompli en utilisant l'information préoccupation *requises* dans le modèle de description. Une préoccupation est transverse si elle est nécessaire par plus d'une autre préoccupation.

Tâche 4: composer les préoccupations : l'objectif est d'intégrer les préoccupations transverses dans les autres préoccupations, pour que le développeur puisse saisir la complexité de tout le système. Pour guider le processus de composition, similairement à l'approche décrite dans [6], l'approche propose quatre sous tâches: identifier les points de correspondance, identifier les conflits, identifier La préoccupation dominante et définir les règles de composition. A partir de l'information préoccupations requises inscrites dans le modèle de description, les points de correspondance (point match) sont identifiés. Puis un conflit est identifié si l'une des préoccupations transverses impliquées dans un point de correspondance contribue négativement à l'autre préoccupation. L'identification de la préoccupation dominante et La négociation de compromis permettent de résoudre les conflits identifiés. Enfin une règle de composition est définie et spécifiée par les opérateurs proposés inspirés du langage de spécification LOTOS[35].

4.10.2 Traitement de problème d'interaction entre les aspects

Le traitement de problème d'interaction entre les préoccupations transverses est pris en charge par la tâche d'identification des conflits indiqués ci-dessus. Cette tâche s'occupe de l'identification des situations conflictuelles entre les préoccupations. Ainsi pour chaque point de correspondance une analyse est effectuée pour déterminer si des préoccupations transverses impliquées se contribuent négativement, les préoccupations qui se contribuent positivement ne posent aucun problème. Cela est essentiellement réalisé basé sur l'information *contribution* spécifiée dans le modèle décrit dans la figure 4.6(b). Cependant, la sous tâche d'identification de préoccupation dominante permet de résoudre les conflits. Basée sur la l'information *priorité* indiqué dans le modèle de description, si les priorités attribuées aux préoccupations sont différentes, la préoccupation dominante est la préoccupation, ayant la priorité la plus élevée, toutefois si deux préoccupations transverses ont la même priorité, un compromis doit être négocié avec l'utilisateur [35]. En outre, l'approche propose que la négociation entre les utilisateurs soit simplifiée et guidée par l'identification de la préoccupation transverse dominante, par conséquent, si deux ou plusieurs préoccupations transverses impliquées dans le même point de correspondance se contribuent négativement et ayant la même priorité, l'approche commence par analyser deux préoccupations en identifiant la dominante, puis la prendre et l'analyser avec une troisième préoccupation et ainsi de suite jusqu'à prendre en considération toutes les préoccupations transverses. Ensuite, on identifie les préoccupations transversales dominantes secondaires des préoccupations restantes jusqu'à construire une hiérarchie de dépendance entre toutes les préoccupations [35].

4.11 approche d'ingénierie des exigences orientées préoccupation

Les approches d'ingénierie des exigences traditionnelles souffrent de la tyrannie de la décomposition dominante, dont les exigences fonctionnelles désignent les modules de base et des exigences non fonctionnelles sont les préoccupations transverses qui coupent le module de base. Cependant Il a été remarqué et même prouvé que des exigences fonctionnelles également recoupent souvent des parties d'un système, et initialement un ensemble d'exigences non transversales (fonctionnelles ou non fonctionnelles) pourrait devenir transversaux à l'avenir. Ainsi, L'approche décrite dans [9] tente à remédier à ces limites, les préoccupations dans cette approche encapsulent un ensemble cohérent des exigences fonctionnelles et non fonctionnelles. En traitant toutes les préoccupations d'une manière égale, on peut choisir n'importe quel ensemble de préoccupations comme base et projeter l'influence d'autres préoccupations sur elles. Cette vue multi dimensionnelle flexible permet de gérer les exigences fonctionnelles et non fonctionnelles et les préoccupations transverses de façon efficace [9]. Analogiquement à l'approche arcade [8], L'approche utilise le langage XML comme langage de définition et spécification des préoccupations et des règles de composition.

4.11.1 Processus de L'approche

La figure 4.7.(a) montre le modèle générique de l'approche. La première étape dans ce processus est l'identification des préoccupations, elle est effectuée en utilisant les approches de rassemblement et de définition des exigences traditionnelles telles que des approches orientées points de vue, orientées cas d'utilisation et orientées objectif. Les préoccupations identifiées sont spécifiées en utilisant des modèles bien définis (en XML). Puis en étape suivante des relations granulaires entre les préoccupations sont identifiées, représentées par une matrice. Ces relations sont identifiées en utilisant des techniques telles que l'analyse de domaine et le traitement du langage naturel. Subséquemment, on spécifie les projections possibles de chaque préoccupation sur d'autres préoccupations. Celle-ci est assurée par des règles de composition [9].

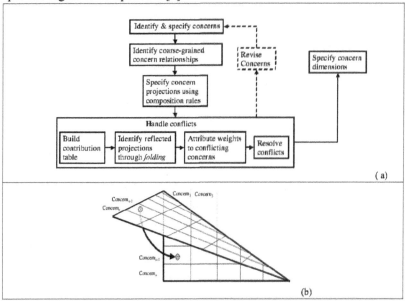

Figure 4.7 : l'approche ingénierie des exigences orientées préoccupation,(a) : modèle générale, (b) :la matrice de contribution[9].

Après avoir établi les règles de composition, la tâche d'identification et résolution des conflits est effectuée, analogiquement à l'approche arcade

[8], ceci est accompli par la construction d'une matrice de contribution, et négociation de compromis. La résolution des conflits pourrait conduire à une révision de la spécification des exigences. Si cela se produit, les projections sont révisées et de nouveaux conflits identifiés sont résolus. Le cycle est répété jusqu'à ce que tous les conflits aient été résolus par des négociations efficaces. Enfin La dernière activité dans le modèle est l'identification des dimensions d'une préoccupation. Aussi comme l'approche arcade [8], une préoccupation est décrite en deux dimensions : sa future projection et son influence dans les phases suivantes [9].

4.11.2 Traitement de problème d'interaction entre aspects

L'approche permet l'identification et le traitement précoce des compromis entre les préoccupations transversales, ceci, à son tour facilite l'identification et la négociation des compromis et la prise de décisions entre les intervenants du système. Les règles de composition conduisent à l'identification des conflits entre les préoccupations dont les exigences qui se chevauchent ou contraignent les mêmes ensembles d'exigences dans d'autres préoccupations. Ces règles fonctionnent dans un niveau granulaire, au niveau des besoins individuels et pas seulement les préoccupations qui l'encapsulent, par conséquent cela facilite l'identification des exigences individuelles contradictoires à l'égard de lesquelles des négociations doivent être menées et des négociations des compromis doivent être établies. Ceci évite également la nécessité des négociations inutiles entre les intervenants pour les cas où il pourrait y avoir un compromis évident entre deux préoccupations, mais des exigences différentes et isolées sont influencées par eux. Similairement à l'approche arcade [8], Le traitement de problème d'interaction passe par les quatre étapes suivantes comme indiqué avant:

Construire une matrice de contribution (figure4.7.(b)) : l'approche marque la diagonale par les noms des préoccupations. En examinant un des diagonales, la matrice montre l'existence ou non d'influence d'un aspect sur les autres préoccupations cette matrice est inspirée de la plateforme NFR.

Attribuer les poids aux préoccupations conflictuelles : la pondération décrit l'importance d'une préoccupation. Basés sur des idées de la logique floue l'approche utilise les mêmes intervalles que l'approche arcade [8]. La pondération par des valeurs floues facilite la tâche d'attribution de priorités aux préoccupations contradictoires dans une règle de composition. **Résoudre les conflits :** est réalisé grâce au poids attribués puisqu' ils expriment des priorités et par une négociation qui serait nécessaire entre les intervenants [15].

4.12 L'approche séparation des préoccupations multi dimensionnelle d'ingénierie des exigences

L'approche décrite dans [23] est une des approches les plus prometteuses, elle est multi dimensionnelle, c'est essentiellement dû au fait que les préoccupations d'un système sont de leur nature transverses et supportent une séparation multi dimensionnelle durant la phase d'analyse des exigences que cette approche fut développée. Toutes les préoccupations sont traitées de façon uniforme et ne sont pas classées dans des points de vue, des cas d'utilisation ou des aspects, mais implique tout ensemble cohérent d'exigences fonctionnelles et non fonctionnelles. On peut choisir n'importe quel ensemble de préoccupations en tant que base pour projeter l'influence d'une autre préoccupation [23]. Les principales caractéristiques de l'approche comprennent :

- la définition d'un espace de méta- préoccupation où les préoccupations concrètes du système peuvent être déterminées en fonction des caractéristiques spécifiques du domaine de problème;
- la notion d'une *intersection de composition* qui permet d'identifier les ensembles appropriés de préoccupations dans une séparation multi dimensionnelle, et qui permet d'observer les compromis entre les préoccupations ;
- utiliser cette analyse précoce de compromis entre les préoccupations pour fournir des indications sur les choix d'architecture [23]

La réalisation concrète de l'approche est basée sur l'utilisation des modèles bien définis à base de Langage XML.

4.12.1 Processus de L'approche

La figure 4.8.(d) montre le modèle simplifié de l'approche. L'approche divise l'espace des exigences en deux espaces distincts : L'espace de Système et l'espace de meta préoccupation constitué des énoncés abstraits des préoccupations typiques (fonctionnelles et non fonctionnelles) qui se manifestent à plusieurs reprises au cours du développement de différents systèmes[23]. L'approche fournit un catalogue des préoccupations, extension du catalogue de la plateforme NFR incluant des préoccupations fonctionnelles typiques.

- la première étape dans le processus consiste à identifier les fonctionnalités et les caractéristiques souhaitables du système à réaliser dans l'espace de système, ces exigences sont raffinées (par des interviews par exemple).
- puis, les exigences sont classées dans les préoccupations de l'espace méta de préoccupation, cela conduit à obtenir des préoccupations concrètes du système. Ce traitement est réalisé de façon itérative et incrémentale, par la manipulation d'un petit ensemble de préoccupations (pas toutes les préoccupations dans l'espace méta sont nécessairement utilisées).
- puis, l'étape suivante consiste à définir des règles de composition pour chaque préoccupation et composer ces préoccupations
- en subséquent, l'étape d'analyse des conflits entre les préoccupations est initiée. L'analyse est effectuée d'une manière méthodique, basée sur un ensemble de préoccupations définissant une base pour observer les conflits entre les préoccupations [23].
- enfin, une fois l'analyse des compromis entre les besoins des préoccupations est terminée on effectue des choix d'architecture (qui peuvent être conflictuelles). L'analyse précoce des conflits au niveau des exigences permet une meilleure compréhension des choix d'architecture et avertit sur des conflits potentiels et résout certain d'eux par des négociations.

4.12.2 Spécification des préoccupations et de la composition

116

En fait que la réalisation de l'approche est basée sur le langage XML, l'approche s'appuie sur des approches similaires basées sur XML tel que l'approche ARCADE. Les règles de composition dans cette approche multi dimensionnelle sont inspirées par la composition des exigences aspectuelles orientées points de vue.

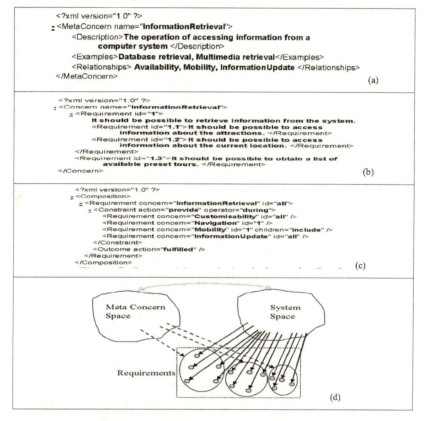

Figure 4.8 : l'approche séparation des préoccupations multi dimensionnelle d'ingénierie des exigences, (a) définition de préoccupation abstraite (b) définition de préoccupation concrète (c) exemple de règle de composition (d) modèle simplifié de l'approche [23]

Dans cette approche, les règles de composition utilisent les mêmes opérateurs de composition et actions développées dans l'approche ARCADE, elles agissent aux niveaux d'exigences individuelles. La figure 4.8.(c) montre un exemple de règle de composition. Cependant, l'approche diffère d'arcade en définition et spécification des préoccupations, et au mécanisme d'analyse d'interaction entre eux. La figure 3.8(a) montre une définition abstraite de préoccupation dans l'espace méta préoccupation, cependant la figure 4.8(b) montre une concrétisation de cette préoccupation [23]. Dans la figure 4.8(a) les définitions abstraites sont enfermées entre la balise Meta Concern, qui spécifie le nom de la préoccupation dans l'espace méta préoccupation. La définition inclut quelques exemples typiques d'utilisation dérivée de l'expérience, des connaissances du domaine, et des préoccupations qui pourrait interagir avec lui (enfermées entre les balise <Relationships>). Ces informations fournissent un guide utile mais pas valable pour tous les systèmes, dans plusieurs cas, il pourrait y avoir d'autres relations avec d'autres préoccupations dans un système [23]. Cependant le début d'une préoccupation concrète est spécifié par la balise <Concern > dans la figure 4.8(b)

4.12.3 Traitement des conflits entre les aspects

Une première solution qui consiste à attribuer des poids aux préoccupations qui se contribuent négativement par rapport à une base donnée fut présentée dans [9]. Cependant cette approche multi dimensionnelle [23] a développé d'autres idées et solutions pour le traitement de conflit entre les préoccupations.
- L'espace Meta préoccupation décrit un ensemble de relation que la préoccupation peut avoir avec d'autres préoccupations. Qui fournissent un bon point de départ pour composer et analyser les interactions.
- Aussi l'approche utilise La notion d'une intersection de composition, qui permet une analyse rigoureuse au niveau de compromis et permet d'apporter des renseignements importants sur différents choix architecturaux disponibles pour satisfaire une préoccupation particulière fonctionnelle ou non fonctionnelle.

4.12.3.1 L'intersection de composition

L'identification des conflits dans une approche orienté aspect doit être réalisée par rapport à une base qui n'est pas disponible dans un contexte multi dimensionnel. L'analyse des interactions entre deux préoccupations doit être donc effectuée pour toutes les combinaisons possibles des préoccupations (base). Toutefois, cela produit une explosion combinatoire de nombre de combinaisons potentielles à analyser [23]. Pour cela, l'approche introduit une nouvelle notion d'intersection de composition qui réduit le nombre de combinaisons à analyser.

Considérant N préoccupations C1, C2,..., Cn , dont chacune coupe un ensemble de préoccupations SCi . L'intersection de composition entre les préoccupations Ci et Cj est l'ensemble de préoccupation coupé par les deux préoccupations (SCi $\sqcap$ SCj)[23].

Le nombre maximum d'intersections de composition pour laquelle l'analyse est effectué est : C^2_n = N!/ (N-2) !*2 !. (N est le nombre de préoccupation) est un nombre susceptible d'être inférieur au nombre maximum de combinaisons (comme des intersections peuvent être vide).

4.12.3.2 Processus d'analyse de compromis entre les aspects

Analogiquement aux approches [9.8], le processus d'analyse commence par la construction de la matrice de contribution, chaque cellule indique le type de contribution (négative"-" ou positive"+"ou 'none ') et aussi l'intersection de composition utilisée pour trouver cette contribution [23]. La décision sur le type de contribution pour chaque cas particulier est généralement difficile à apporter (comme la base est constituée de plusieurs préoccupations). Ainsi, l'analyse doit être assistée par des catalogues existants (tel que NFR) et des connaissances empiriques du domaine [23]. Ensuite, on trouve la contribution cumulative d'un ensemble de préoccupations sur une préoccupation donnée, qui peut être illustrée par un pliage des colonnes successives de la matrice de contribution, les unes sur des autres. Pour donner les projections cumulatives (l'influence combinée) des préoccupations sur une préoccupation, si l'effet cumulatif est négatif une négociation de compromis doit être établie pour gérer la situation conflictuelle [23].

4.13 Une approche de composition sémantique

L'approche décrite dans [51] discute les limites des mécanismes de composition d'ingénierie des exigences orientée aspect actuelles centrées sur la syntaxe. Elle souligne que ces mécanismes augmentent le couplage entre les aspects et les préoccupations de base et forcent l'ingénieur d'exigences à raisonner sur les influences sémantiques et les compromis entre les aspects d'un point de vue syntaxique [40,51].

L'approche propose un langage de description des exigences (RDL) qui enrichit la spécification des exigences par une information sémantique dérivée de la sémantique du langage naturel [51,40]. Les spécifications de composition sont écrites basé sur cette sémantique plutôt que la syntaxe des exigences qui facilite le raisonnement sur la sémantique des influences des aspects. L'approche est maintenue par l'outil de traitement du langage naturel Wmatrix, pour automatiser l'annotation des exigences, cependant, l'analyse des interactions et des influences des exigences est réalisée par l'outil MRAT [51].

4.13.1 spécifications des exigences avec le RDL

Le RDL est un langage conçu pour saisir le sens des exigences en langage naturel par des éléments grammaticaux (tel que sujet, verbe, phrase,...) liés à des catégories sémantiques (tel que classes de verbes). Les éléments du RDL sont présentés dans la figure 4.9(*) et la réalisation du RDL est basée sur le langage XML. Un point de jonction est un élément du texte annoté dans le RDL où l'interaction peut se produire, les coupes sont représentées par des expressions de requête qui choisissent des ensembles de point de jonction.

Le RDL adopte une vue symétrique de L'AOSD, une préoccupation est une unité d'abstraction de haut niveau, elle représente des éléments transversaux et non transversaux. Un ensemble initial de préoccupations du système peuvent être sélectionnées à partir d'un catalogue de préoccupations, identifiées par des outils d'extraction ou par l'analyse de domaine... , une préoccupation peut être une phrase simple ou composite, et une ou plusieurs exigences (phrase) sont encapsulées dans une préoccupation. Le SRO (sujet-objet-relation) est la structure sémantique principale qui décrit une phrase simple [51]. Un *objet* est l'entité touchée par les actions entreprises par le sujet de la phrase. *Relations* représente l'action effectuée par le sujet sur son objet (s). Les relations peuvent être exprimées par un verbe en langage naturel. L'approche propose une classification des verbes (de la langue anglaise) à un ensemble de classes de verbes et sous-classes, chaque classe est représentée par un opérateur de composition dérivé de la sémantique de ces relations [51] , aussi afin de soutenir une composition impliquant un sujet annoté avec des mots différents, un ensemble de définitions synonyme est fourni.

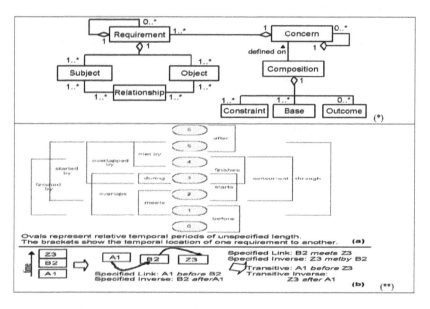

Figure 4.9 : L'approche : composition sémantique, (*) Les éléments du RDL, (**) : des éléments de l'outil MRAT : (a) la dérivation des points des opérateurs temporels, (b) un graphe des relations entre les exigences [51]

4.13.2 La composition avec le RDL

Les éléments de composition dans le RDL sont : la contrainte, la base et des résultats. L'élément *contrainte* spécifie quelles restrictions doivent être placées sur un ensemble d'exigences (fournie par l'élément de base*)* et quelle action doit être prise pour imposer ces contraintes, les actions requises sont spécifiées par les opérateurs de contrainte dérivés des catégories de relation. La requête spécifiée dans l'élément de contrainte est utilisée pour sélectionner les préoccupations et exigences sans faire référence à un identifiant (ID). L'élément Base fournit une requête pour sélectionner l'ensemble des exigences touchées par la requête de contraintes et fournit aussi des dépendances entre ces exigences, représentées par les opérateurs de base. Les opérateurs de base dans cette approche [51]se répartissent en trois catégories: opérateurs séquentiels temporels: tels que les opérateurs avant, après, se réunit (meets); des opérateurs temporels comme : pendant (during), commence (starts) et des opérateurs conditionnels comme si et si non . L'élément *résultat* spécifie si la contrainte doit être remplie ou qu'un ensemble d'exigences doivent être satisfaits comme post-conditions de l'application de la contrainte.

En revanche aune règle de composition basée sur l'identifiant, cette spécification de composition est robuste et ne soufre pas de correspondance fragile et évite la correspondance d'éléments indésirable même si de nouvelles exigences et préoccupations sont ajoutées ou retirées de la spécification. Aussi, elle garantit que les compositions soient sémantiquement justifiées, plutôt qu'arbitrairement fournies par l'analyste d'exigences [51].

4.13.3 Automatisation de l'analyse par l'outil MRAT

Le processus d'analyse est entamé après avoir composé les préoccupations ensemble, deux types de conflits peuvent se produire dans cette composition sémantique :

1. des conflits de dépendance temporelle et conditionnelle entre les exigences qui participent à plusieurs compositions incompatibles,
2. des incompatibilités sémantiques entre les exigences sélectionnées par la requête de contrainte et la requête de base [40].

Ainsi, l'outil d'analyse MRAT se concentre sur l'analyse des relations de compositions temporelles. MRAT applique la notion d'intersection de composition de l'approche [23], pour réduire le nombre d'interactions à analyser, seules les exigences communes à plus d'une base ou d'élément de contrainte sont analysées. Aussi il assiste l'analyse par la construction d'un graphe des relations temporelles entre les exigences. La figure4.9 (**)(b) montre un exemple de graphe des relations temporels [51]. Ce graphe inclut les liens est relations suivantes : les relations de contrainte temporelles (représenté par des opérateurs temporels dans la spécification de la composition), leurs liens inverses (tel que l'inverse de *avant* est *après)* et des liens transitifs (exemple, si X est *avant* Y et Z est *après* Y donc le lien transitif entre X *avant* Z peut être formé). La dérivation de lien transitif est une tâche complexe en raison de l'ambiguïté inhérente de combiner les opérateurs temporels, Pour pouvoir dériver les liens transitifs sans ambiguïté, des points de 0 a 6 points sont affectés à chacun des opérateurs (voir la figure4.9.(**)(b)). Un conflit est identifié lorsque les points d'un opérateur sont supérieurs ou égales de moins de deux points du second opérateur. Les exigences ne peuvent pas satisfaire à la fois les deux opérateurs temporels d'une manière compatible, une redéfinition est nécessaire. L'ingénieur d'exigences doit décider le type de redéfinition (si la modification de A devrait précéder l'usage de *B* ou vice versa). La décision finale sur la résolution, ne peut pas être automatique c'est à l'ingénieur du domaine de comprendre le problème et de décider les différentes solutions à prendre [51].

4.14 Discussions sur le problème de conflit entre les aspects

Les techniques d'ingénierie des exigences orientées aspect (AORE) visent à identifier, composer et établir rapidement des compromis entre les exigences aspectuelles. L'objectif essentiel est souvent de révéler l'influence des aspects et les compromis mutuels entre les aspects avant que l'architecture ne soit dérivée, cela donne un aperçu précoce des compromis d'architecture et offre des possibilités de négociation entre les intervenants au système avant de s'engager dans des choix d'architecture spécifique.

- Ainsi, actuellement il devient suffisamment clair comment les aspects sont représentés et identifiés. Des mécanismes tels que les points de vue, les cas d'utilisation, sont utilisés pour leur représentation. La plupart des approches utilisent une dimension dominante avec d'autres dimensions qui la traversent. Les points de vue et les cas d'utilisation utilisent les exigences fonctionnelles comme une décomposition dominante et des besoins non fonctionnels qui coupent les préoccupations de base. Cependant en ce qui concerne l'identification et spécification des aspects, on note les remarques suivantes :

- Les mécanismes de séparation des préoccupations actuelles ne tiennent pas compte explicitement de la nature transversale des exigences fonctionnelles. Souvent seule les exigences non fonctionnelles sont gérées comme des aspects candidats, cependant, les exigences fonctionnelles peuvent également recouper des parties d'un système, par conséquent, ils ne peuvent pas être traités efficacement, cela conduit à un manque d'identification et d'analyse de leur influence sur d'autres préoccupations. des Approches tel que thème/doc et des approches orientées préoccupation prend en charge ce genre d'aspect.

- En outre la spécification des aspects, n'est pas bien claire, ils sont souvent spécifiés par des modèles de description consacrés à la spécification des préoccupations (fonctionnelles ou non fonctionnelles), leur nature transverse n'est pas montrée et exposée

- En ce qui concerne la composition, généralement des techniques basés sur le langage XML, de composition des modèles pour la validation (instanciation des PS) et aussi par extension de la notion de point d'extension par une spécification de coupure dans une spécification des cas d'utilisation (peut être réalisé par Hyperj) sont utilisés. Essentiellement XML a été choisi comme langage de définition dans des approches basées XML dû à la nécessité d'opérateurs et d'actions spécifiques à la préoccupation dans la définition des règles de composition, et comme ces approches reconnaissent pratiquement l'impossibilité de prévoir les différents types d'opérateurs de composition et des actions qui pourraient être nécessaires, XML devient un choix idéal pour eux. Aussi les règles de composition sont spécifiées souvent à la granularité des besoins individuels, il est possible d'identifier et gérer les conflits à une granularité fine, cela permet d'améliorer et faciliter la tâche d'identifier les points de négociation entre les intervenants pour l'ingénieur exigences.

-Toutefois, en ce qui concerne l'analyse des interactions, jusqu'à présent, les approches d'analyse d'interactions sont informelles. Bien que, nous ayons cité une approche formelle pour la détection des incohérences, ces approches formelles ont été proposées pour le niveau de programmation et reposent sur la spécification opérationnelle, ils ne peuvent être utilisés au niveau des exigences [10].

- En effet, la tâche d'analyse des interactions jusqu'à présent n'est pas bien dressée, généralement les approches d'AORE utilisent l'approche orientée aspect pour simplifier les négociations et les décisions ultérieures entre les intervenants du système, par une négociation efficace basée sur l'analyse de compromis entre les exigences aspectuelles. On peut citer les observations suivantes :

- l'analyse des interactions reste un effort lié à la composition, le processus n'est pas optimisé, on doit composer pour identifier les interactions en plusieurs reprises. Noter que le processus de l'approche arcade est optimisé dans des versions [8]

- souvent des connaissances du domaine sont utilisées pour analyser l'influence et l'interaction entre eux. Selon l'approche thème, l'utilisation et le recours à l'intuition où la connaissance du domaine n'est pas suffisante pour identifier une grande gamme potentielle des aspects dans des délais raisonnables, cela nous amène à conclure qu'elles ne sont pas aussi suffisantes pour identifier et analyser leurs interactions. On note un manque en support, outils et méthodes efficaces qui traitent tous type d'interférence et de conflits dans des délais raisonnables.

- Encore, à ce jour la composition aspect AORE est basée sur des références syntaxiques aux exigences de la base, cela comme indiqué dans [51] résulte que la composition des aspects est spécifiée sur la base de la structure des exigences plutôt que de la sémantique de ces exigences. Par conséquent, l'analyse de compromis est effectuée sur une base syntaxique à partir de laquelle les influences et interférences sémantiques doivent être déduites, une telle composition syntaxique peut produire des *points de coupure fragiles* où des changements dans la syntaxe des exigences peuvent invalider les compositions des aspects. qui mènent par conséquent à des correspondances indésirables de point de jonction par des expressions de point de coupe.

- la notion de spécification de composition ou règle de composition n'est pas claire, dans des approches telles que intégration NFR , la spécification de composition est attribué au point de jonction, cependant, elle est attribuée à un aspect dans d'autres approches tel que des approches orientées XML. Cela nous a amené à conclure que même si on adopte une approche de décomposition symétrique ou asymétrique, les deux notions de règle de composition ne sont pas similaires mais sûrement complémentaires

- comme discuté auparavant, il n'est pas clair comment les différents types de conflits sont traités dans cette étape précoce, souvent c'est par des influences positives et négatives qu'on gère et raisonne sur les interactions entre les aspects durant cette étape. Il n'est pas clair comment par exemple des conflits de type d'ordre, d'exclusion mutuelle ou même de la fragilité de point de coupure (problème de points de jonctions accidentelles) sont traités.

- enfin, il faut noter que des approches orientées préoccupation ont l'avantage de mettre en évidence deux points importants en analyse d'interaction :

  ✓ L'importance de la base pour l'analyse des interactions entre les aspects, par l'introduction de la notion de la section de composition qui réduit le nombre d'interactions à analyser par rapport a une base.
  ✓ L'analyse des dépendances générées par l'opérateur de tissage par l'outil MRAT qui est jusqu'a présent peut être considéré comme le meilleur outil d'analyse d'interaction, malgré la difficulté de lanalyse puisqu'elle est effectuée par rapport à plusieurs base à la fois.

4.15 Conclusion

Dans ce chapitre notre objectif était de bien détailler les concepts de règles de composition, aspect, préoccupation, préoccupation transverse dans cette étape précoce et bien comprendre réellement les mécanismes de composition et d'identification des aspects et surtout pouvoir faire une conclusion sur comment ces différents approches gèrent et traitent le problème de conflit entre les aspects.

Le problème d'interaction des aspects n'est pas bien dressé cela nous amène à nous poser la question comment s'occuper des aspects. Dans le chapitre suivant nous essayerons de répondre à cette question.

5. Vers Un modèle pour le traitement des interactions entre les aspects

5.1 Introduction

Le développement orienté aspect (AOSD) vise à une meilleure séparation des problèmes via une nouvelle notion les aspects. En effet il améliore les autres paradigmes de développement classiques par une séparation et modularisation des préoccupations transverses dans des unités nommés aspects. Cependant, bien que, l'approche orientée aspect améliore la qualité des logiciels, en séparant les aspects des modules des bases, les aspects ne sont pas réellement orthogonaux. Et il n'existe pas d'outils et de méthodes qui aident à la détection et résolution de leurs interactions.

Dans ce contexte, et pour une meilleure prise en charge des interactions entre les aspects, nous allons présenter dans ce chapitre un modèle pour s'occuper des interactions entre les aspects durant la phase d'analyse des exigences. Le modèle proposé ne doit pas être traité comme le modèle générique de l'AORE, mais comme la vue subjective de la préoccupation traitement des interactions entre les aspects dans l'AORE. Le modèle proposé est composé de trois composants principaux: le composant d'identification et spécification des préoccupations, le composant d'analyse des interactions entre aspects et le composant de composition des aspects.

5.2 Aperçu du modèle proposé

La difficulté du problème privilège le traitement et la prise en charge précoce des interactions entre les aspects, de préférence pendant la modélisation du système [10]. Généralement, les approches d'analyse des exigences orientées aspects (AORE) adoptent cette idée [7, 14]. Ainsi, le modèle de traitement d'interactions entre préoccupations transversales est proposé à la phase d'analyse, lors de cette phase, les préoccupations transverses sont des aspects candidats. L'analyse de leurs interactions à ce haut niveau constitue une première compréhension de leurs interactions, et la résolution des conflits potentiels entre eux dans cette étape précoce permet d'aboutir à un développement orienté aspect sans conflits.

Le modèle proposé maintient en évidence trois tâches élémentaires pour s'occuper des interactions entre les préoccupations transverses:

> Identification des aspects fonctionnels et non fonctionnels : aussi, nous apercevons l'importance de spécifier les aspects par une spécification de composition d'aspect généralement appelé spécification d'aspect, celle ci est proposée basée sur les concepts orientés aspects

> La tâche analyse des interactions entre aspects : nous utilisons la spécification de composition des aspects insérés au même point de jonction, afin de raisonner sur les interactions, de détecter les conflits potentiels et de produire des règles de composition pour chacun des points de jonction, et alors ainsi produire une spécification qui guide le processus de composition et permet d'atteindre une composition réussie

> La tâche de composition : vise à s'assurer que la spécification composée, par insertion des modules aspects dans le module de base est correcte.

Analogiquement à presque toutes les approches orientées aspects, le processus général du modèle proposé est itératif. En effet, après avoir composé les différentes spécifications des exigences, la spécification composée peut contenir des erreurs et expose des conflits, pour résoudre ces problèmes nous devons refaire les tâches de la spécification des aspects et d'analyse des interactions entre eux, afin de réaliser des corrections sur les artéfacts de chacune des tâches. Également, nous supposons un raffinement des spécifications pour obtenir des spécifications plus détaillées. De plus le modèle est incrémental, il n'est pas obligatoire d'identifier toutes les préoccupations pour effectuer l'activité d'analyse et de composition, on peut dans une première étape identifier et analyser un sous ensemble de préoccupations puis l'enrichir et l'incrémenter par d'autres préoccupations non identifiées auparavant, qui peuvent être secondaires, au fur et a mesure que notre compression sur le système s'élargit. La figure 5.1 montre le modèle proposé

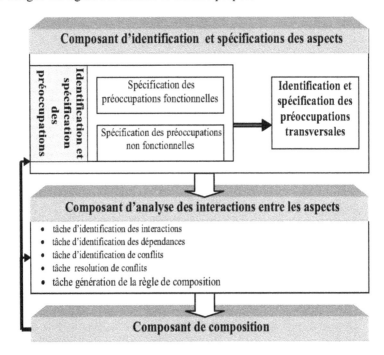

Figure 5.1: Modèle pour le traitement des interactions entre les aspects

Le modèle proposé est composé de trois composants principaux: composant d'identification et spécification des aspects, composant d'analyse des interactions entre aspects et composant de composition des aspects, dont chacun encapsule une tâche élémentaire et précise séparément l'une de l'autre. Les flèches externes des composants indiquent l'aspect itératif du modèle.

5.3 Le composant d'identification des aspects

Il englobe les tâches d'identification et spécification des préoccupations fonctionnelles aussi bien que les préoccupations non fonctionnelles et également la tâche d'identification et spécification des préoccupations transverses (aspects). Différentes techniques et méthodes pour identifier et spécifier des préoccupations fonctionnelles et non fonctionnelles peuvent être utilisées.

Similairement aux approches d'ingénierie des exigences, le processus d'identification commence par une étape de rassemblement des préoccupations. Ceci, peut être fait à travers des discussions avec les intervenants du système, des interviews, des observations, ...etc, et peut être complété par des guides et directives telles que l'espace méta préoccupation décrit dans [23]. Puis on procède à un raffinement et analyse exhaustive des informations rassemblées, ceci peut être réalisé en utilisant toutes les techniques et approches existantes d'identification et de spécifications de préoccupations tel que des approches orientées point de vue orientées objectifs, orientées cas d'utilisation. En outre, des outils et des supports d'identification de préoccupations basés sur le traitement de la langue naturelle (NLP) tel que Early-AIM (Early Aspect Identification and Mining)[52] ou même Thème / Doc[38] peuvent être très utiles .

Cependant bien que nous reconnaissons la richesse sémantique du langage naturel et l'avantage qu'il peut offrir à l'ingénierie des exigences dans notre modèle nous identifiant les préoccupation par les approches classiques de l'ingénierie des exigences notre choix d'approche est régi par le type de préoccupation qu'elle se concentre sur son identification.

5.3.1 Identification des préoccupations fonctionnelles

Les préoccupations fonctionnelles se référent à la fonctionnalité exigée que le système est censé fournir, et décrit des interactions entre le système et son environnement sans se concentrer sur les détails d'implémentation. Comme beaucoup d'autres méthodes d'ingénierie des exigences, les préoccupations et exigences fonctionnelles sont capturées dans ce modèle par des acteurs et leurs cas d'utilisation reliés. Les cas d'utilisation sont les fonctionnalités que le système doit offrir pour répondre aux besoins des acteurs qui interagissent avec le système. Les scénarios sont une instanciation particulière des cas d'utilisations, ils permettent de les spécifier comme une séquence d'interactions entre les acteurs et le système.

Pour chaque cas d'utilisation il y a généralement un scénario principal et des scénarios alternatifs.

Le processus d'analyse des exigences par les cas d'utilisation commence par identifier les acteurs qui utiliseront le système et leurs objectifs d'utilisation du système. Cela peut être fait, en discutant avec les intervenants. Pour chacun des acteurs un ensemble de cas d'utilisation est identifié, ce sont les fonctionnalités requises du système à remplir, puis pour chacun des cas d'utilisations identifié un scénario nominal qui décrit les interactions d'acteur usuel est défini. S'il y a une fonctionnalité alternative qui complète le flux de base, elle est identifiée comme un cas d'utilisation d'extension. Enfin les cas d'utilisation sont raffinés et structurés par des relations de généralisation, d'inclusion et d'extension. Les descriptions des cas d'utilisation sont examinées pour séparer en cas d'utilisation inclut des flux d'interaction communs à plusieurs cas d'utilisation. Autres traitement de l'approche de cas d'utilisation, liés à la réalisation des cas l'utilisation ne sont pas examinés ici. Il traite plutôt des points liés à l'étape de conception d'architecture.

Les cas d'utilisations et leurs scénarios constituent actuellement l'approche la plus populaire pour capturer les exigences dans l'industrie des logiciels. Ils sont utilisés pour systématiquement définir les fonctionnalités requises du système. Ils permettent de promouvoir une meilleure compréhension entre les utilisateurs et les développeurs et aident à comprendre les exigences et le comportement de système par une description facile, claire du type étape par étape. En outre l'approche orientée cas d'utilisation facilite le développement incrémental, en offrant le cas d'utilisation comme la plus petite unité de livraison, et aide à mettre en priorité les fonctionnalités du système. Plus, elle sert de base pour le développement précoce des cas de test et de validation .

5.3.2 Spécification des préoccupations fonctionnelles

Pour chaque cas d'utilisation, un modèle de description sera associé, il décrit les cas d'utilisation de manière détaillée. La table 5.1 montre le modèle de description utilisé pour décrire chaque cas d'utilisation. Il a été conçu basé sur le modèle décrit dans [5]. Aussi chaque cas d'utilisation peut être décrit par des diagrammes UML de séquence (système) et d'activité.

Les champs « extensions » et « inclusion » dans la table5. 1 nous permettent de déduire des dépendances entre les préoccupations fonctionnelles.

Cependant, les pré et post conditions sont les conditions à satisfaire avant et après l'exécution de la préoccupation, ils donnent des informations sur le comportement du système à être satisfaits, et nous permet d'obtenir d'autres dépendances entre les préoccupations fonctionnelles. L'attribut points d'extension, bien qu'il donne une information utile à la composition permet de résoudre des conflits entre des préoccupations fonctionnelles d'extension puisque ce sont des points bien spécifiés dans un flux spécifié étape par étape. Cependant, l'attribut NFRS: contient une liste de préoccupations non fonctionnelles contraignant la préoccupation fonctionnelle, aussi, cela nous fournit des informations sur les dépendances entre les préoccupations fonctionnelles et non fonctionnelles.

Toutes ces informations peuvent être utilisées pour identifier les dépendances entre les préoccupations.

Nom	Nom du cas d'utilisation
Description	Donnez une brève description
Acteurs	Acteurs principaux et acteurs secondaires
Pré Conditions	Condition à remplir avant l'exécution de la préoccupation
Post conditions	Condition à remplir après l'exécution de la préoccupation
Scénario principal	Specification du scenario Usual
Scénarios secondaires	Spécification des scénarios alternatifs et exceptionnels
Extensions	Liste des cas d'utilisation de cas d'utilisation qui étend le cas d'utilisation
Points d'extensions	des points dans le scénario principal ou les cas d'extension ajoutent leurs comportements
Inclusion	Liste des cas d'utilisation inclus dans le cas d'utilisation
NFR	Liste des NFRS qui influent sur ce cas d'utilisation

Table5.1 : modèle de description des préoccupations fonctionnelles [5]

5.3.3   Identification   des   préoccupations   non fonctionnelles (NFRS)

Les préoccupations non fonctionnelles sont des propriétés globales, ce sont en général des préoccupations transversales qui influencent tout le système ou une partie du système [13, 15, 17]. Cette activité identifie les besoins non fonctionnels d'un système comme la sécurité, temps de réponse, performances, etc ... à travers l'analyse des besoins capturés et assemblés. Dans ce modèle nous identifions les préoccupations non fonctionnelles par la plateforme NFR. La plateforme NFR est destinée à représenter et analyser les objectifs/préoccupations non fonctionnelles à travers des graphes SIG. Dans cette plateforme les sous objectifs/*softgoals* identifiés sont catalogués et organisés, en hiérarchies qui affinent le softgoal initial. Ces catalogues sont réutilisables aux futures analyses et permettent d'éviter l'omission d'importantes préoccupations. L'identification des préoccupations non fonctionnelles par la plateforme NFR commence par une acquisition de connaissances du domaine des objectifs fonctionnels du système à construire, et d'autres attributs liés au logiciel, au processus et techniques de développement, qui permettent au développeur d'identifier les préoccupations non fonctionnelles/softgoal de haut niveau d'abstraction signifiant au système en cours de construction. Puis ils sont raffinés et décomposés à des plus spécifiques softgoal en utilisant des catalogues de la plateforme. Pour chacun des sous softgoal des opérationnalisations désirées sont alors identifiées fournissant des solutions alternatives pour elles. Durant le processus de décomposition et identification des opérationnalisations, le développeur doit prendre en compte les ambiguïtés, les compromis, les priorités et les interdépendances entre les softgoals et les opérationnalisations contradictoires. Il doit justifier ces choix et décisions d'opérationnalisation. Ainsi, il évalue l'impact de ses décisions et répète ce processus jusqu'à avoir un graphe SIG satisfaisant.

5.3.4   Spécification   des   préoccupations   non fonctionnelles

Dans notre modèle chaque préoccupation non fonctionnelle est décrite en utilisant un modèle de descriptions (table5.2). Le modèle de description est conçu basé sur l'approche décrite dans [6]. Touts les artéfacts de la plateforme NFR sont en outre produits.

Une préoccupation non fonctionnelle peut avoir des conflits avec les autres. Un conflit est représenté par les contributions négatives entre les NFR dans ce modèle. Généralement un poids est attribué pour représenter la priorité de chaque préoccupation par rapport aux autres. Cette information est utilisée pour résoudre les conflits entre les préoccupations non fonctionnelles [6].

Nom	Nom de la préoccupation non fonctionnelle
Description	Donner une brève description de NFR
Priorité	Importance de la préoccupation classée de 1 à 5: 1:très faible, 2 :bas, 3 :moyen, 4 :haut, 5 :très élevées
Décomposition	une Préoccupation peut être décomposée en d'autres préoccupations non fonctionnelles plus simples
Où	des Points ou éléments de modèle qui Correspondants à la préoccupation
Exigences	Liste des exigences liée à la préoccupation
Contribution	Liste des contributions positives (+) ou négatives (-) par rapport à d'autres NFR

Table 5.2 : modèle de description des préoccupations non fonctionnelles (NFR) [6]

5.3.5 Identification des préoccupations transversales

La plateforme NFR souligne l'importance des préoccupations non fonctionnelles, qui sont par leur nature transversales. Le SIG de la plateforme NFR encapsule le traitement de chaque exigence non fonctionnelle transversale, qui inclut des détails de sa décomposition, des choix de sa réalisation dans la phase de conception. D'autre part, l'approche ne considère ni l'identification, ni la manipulation des exigences fonctionnelles transversales. Ainsi, dans ce modèle nous avouant que les préoccupations non fonctionnelles sont en général des préoccupations transversales qui contraignent la totalité ou une partie d'un système. Une préoccupation non fonctionnelle qui contraint plusieurs préoccupations fonctionnelles est identifiée comme aspect. Toutefois nous reconnaissons que, similairement à l'approche [48,35] les préoccupations transverses peuvent aussi être identifiées comme des opérationnalisations qui contribuent à plusieurs objectifs et softgoals et ainsi contribuent à plusieurs préoccupations fonctionnelles. Ce dernier cas d'identification n'est pas actuellement pris en charge dans ce modèle.

Tandis que, les cas d'utilisations sont utiles pour identifier des exigences fonctionnelles centrées sur les besoins de l'utilisateur et les structurer par des relations d'extension et d'inclusion. La fonctionnalité transversale qui touche plus d'un cas d'utilisation est séparée par des relations d'inclusion, les fonctionnalités secondaires transversales peuvent être prises en compte par des cas d'utilisation d'extension.   Ainsi Les préoccupations fonctionnelles transverses dans ce modèle sont identifiées après la structuration et raffinement des spécifications de cas d'utilisation par des relations d'extension et d'inclusion.   Une préoccupation qui est inclus dans plus d'un cas d'utilisation, ou qui s'étend à plus d'un cas d'utilisation, est identifiée comme préoccupation fonctionnelle transverse. Cependant, reconnaissant que les cas d'utilisation peuvent seulement identifier les préoccupations fonctionnelles transversales des niveaux besoins d'utilisateur, des fonctionnalités internes liées à leurs implémentations ne peuvent être ici détectées, d'autres approches d'identifications des préoccupations fonctionnelles complémentaires peuvent être utiles.

Nous utilisons la matrice (Table5. 3) décrit dans [9,8] pour lier les préoccupations les unes des autres et essentiellement représenter la relation de coupure. La matrice (table 5.4) est une spécialisation de cette matrice qui décrit la relation de coupure (aspect base) dans un niveau élevé d'abstraction, cela peut être utile puisqu'un aspect peut aussi être une base et peut servir pour la détection précoce de confits.

	Préoccupation 1	Préoccupation 2	....	préoccupation n
préoccupation1		√		√
préoccupation2	√			√
....				
préoccupation n	√	√		

Table 5.3: liaison des préoccupations les unes aux autres [9,8]

136

	aspect1	aspect2	... ...	aspect n
base1				√
base2	√			√
...				
base N	√	√		

Table 5.4: liaison des aspects aux bases

5.3.6 Spécification des préoccupations transverses

Puisque les préoccupations transversales peuvent être fonctionnelles ou non fonctionnelles, nous proposons d'utiliser un modèle (table5.5) pour spécifier toutes les préoccupations transversales (préoccupations transverses fonctionnelles et non fonctionnelles), sans circonspection. Le modèle de description proposé encapsule la spécification de coupure de l'aspect et le comportement (advice) inséré aux points de jonction spécifiés dans la spécification de coupure. Cette spécification précise et spécifie d'une manière claire comment et ou un aspect affecte les modules base .elle constitue en claire la spécification de composition d'un seul aspect, et elle suit les concepts généraux adoptés par l'approche orientée aspect. Le modèle proposé est conçu basé sur l'approche proposée dans [20].

Aspect:: (préoccupation transversale)		Nom:		Code: ...
Advice:	....			
cas d'utilisation touchés	Opérateur	point affecté (facultatif)	Condition (facultatif)	Post condition (facultatif)
//Cas d'utilisation1//				

Table5.5: Modèle de spécification des préoccupations transversales (la spécification de composition d'un ASPECT)

➢ Cas d'utilisation influencé : spécifie le nom de la base influencé (les cas d'utilisation sont des préoccupations de base dans ce modèle).

➢ Opérateur: les opérateurs suivants sont adoptés pour déterminer comment chaque aspect coupe les préoccupations de base: avant (Overlap/before), après (Overlap/after), remplacer (Override), autour (Wrap) [15, 20, 21]. Ces opérateurs sont généralement utilisés dans les approches d'ingénierie des exigences orientées aspects (AORE).

➢ Notant que nous pouvons aussi utiliser des wilcard (*) pour indiquer plusieurs cas d'utilisations touchés

➢ Le modèle de spécification des préoccupations transverses présenté est une version initiale. Pus tard, un modèle plus générique dont la base n'est pas forcement un cas d'utilisation sera proposé.

5.4 Le composant d'analyse des interactions entre les aspects

La spécification de composition d'un aspect candidat précise sa composition, elle précise où et comment il sera attaché aux points de jonction spécifiés dans sa spécification de coupure. Mais, cette spécification demeure une spécification limitée et réduite. Elle encapsule les informations nécessaires pour la composition d'un seul aspect et elle ne précise en rien :

(1) avec quels autres aspects cet aspect sera introduit dans le même point de jonction

(2) comment ces aspects impactent les points de jonction,

(3) comment ils vont l'impacter, par conséquent,

(4) quel est le comportement réel qui présentera un module (ou aspect) avec tous ces aspects qui interagissent avec le même module base (point de jonction).

De là ; il est nécessaire d'obtenir une autre spécification qui est complète, intégral, et englobe le tous, qui permet d'organiser les interactions entre les aspects insérés au même point de jonction.

Pour atteindre cet objectif, il est nécessaire d'analyser le problème afin de :

- Satisfaire le comportement de tous les aspects candidats qui seront introduit au point de jonction.
- Satisfaire le comportement de la base (le comportement de point de jointure)

Il est clair, qu'il est nécessaire de passer de la spécification de composition spécifiée pour chaque aspect candidat à une autre spécification: la règle de composition [6].

Pour un point de jonction, une règle de composition est spécifiée pour organiser les interactions entre aspects introduits à ce point de jonction [6].

Les règles de composition sont le résultat de l'activité d'analyse qui inclut les tâches suivantes:

- ➤ Détection des interactions entre les aspects candidats
- ➤ Détection des dépendances et des conflits potentiels
- ➤ Raisonnement sur les conflits et leur résolution
- ➤ Génération des règles de composition

Nous faisons référence à la méthode décrite dans [6], pour identifier les interactions entre aspect. Nous utilisons une matrice: la matrice de correspondance (matching point matrix) , qui représente les relations entre des intervenants leur exigences et les éléments de modèle (tel que : cas d'utilisation) pour identifier les points de correspondance (point match) qui sont une abstraction du point de jonction [6], et notamment pour d'identifier les interactions entre les aspects candidats.

L'ensemble des points de correspondance (abstraction de point de jonction) de chaque aspect candidat sont obtenus a partir de sa spécification de composition (sa spécification de coupure), et sont remplis dans la matrice de correspondance (MP-Matrix), où chaque cellule représente un point de correspondance (notée Mpi) contient la liste des aspects candidat (noté Cai) qui seront insérés dans ce point [6].

Préoccupation Des intervenants	Concern1	Concer2	... ...	concern$_n$
intervenants 1	CA1, CA2 (MP$_A$)	CA1, CA4 (MP$_B$)	... ...	... .
⋮	... ...	....	....	....
intervenant N	CA3, CA4 (MP$_D$)	CA2 (MP$_C$)	... ...	CA$_i$, CA$_j$ (MP$_n$)

Table 5.6: matrice des points de correspondance [6]

Pour un point de correspondance, il faut spécifier une règle de composition, s'il y a plusieurs aspects candidats influençant le même point de correspondance, il existe des interactions entre les aspects et avec le module de base (le point de correspondance).

L'interaction n'est pas toujours une relation négative, elle peut être positive ou négative. Similairement à l'approche décrite dans [18] qui classifie les interactions à des classes de type : conflit, dépendance, renforcement, et exclusion mutuelle, nous classons dans notre modèle les interactions en première étape à des interactions de type conflit et des interactions de type dépendance. Les conflits capturent la situation d'interférence sémantique, un aspect qui fonctionne correctement isolément des autres aspects, ne fonctionne plus correctement, quand il est composé avec d'autres aspects. C'est une interaction négative [11]. Cependant la dépendance est une interaction positive. Toutefois nous reconnaissons que les conflits même dans un niveau précoce d'analyse peuvent être de différent type tel qu'il a été discuté dans [36]. Et ils ne nécessitent pas seulement des approches différentes pour leur traitement mais aussi tout un processus bien défini qui s'occupe d'eux.

Pour détecter et résoudre les conflits, nous pouvons avoir recours à des connaissances du domaine, nous pouvons utiliser une matrice de contribution et attribuer des poids aux aspects contradictoires tel qu'il a été utilisé dans [8, 9, 15], nous pouvons identifier les préoccupations transverses dominantes dont la priorité est la plus élevée pour résoudre le conflit tel qu'il est utilisé dans [6,17]. Toutefois on peut faciliter notre analyse par l'utilisation de l'approche présentée dans l'introduction générale et décrite dans [66] pour analyser les interactions, détecter les dépendances, les conflits et aussi pouvoir les résoudre.

Quand on parvient à la solution satisfaisante à comment composer les aspects, nous générons des règles de composition. Nous faisons la remarque ici que la règle de composition est une spécification qui aide à correctement composer les aspects avec les modules de base, cette spécification satisfait le comportement de la base (point de jonction), et les comportements de tous les aspects insérés à cette base. Elle doit demeurer abstraite et ne doit pas être liée à un langage ou technique de composition spécifique. Nous proposons plutôt qu'elle soit aussi simple, générique, se base sur des concepts orientés aspect que d'être liée à un certain détail de comment composer. Les techniques de composition doivent spécialiser ces règles tout en la laissant correcte car elle est en clair la seule spécification complète qui concerne tout le système à développer. Cependant, on peut toujours obtenir des règles de compositions plus détaillées qui traitent le système dans un niveau plus détaillé et sans faire des hypothèses sur le langage de composition qui sera utilisé ultérieurement

5.5 Composant de Composition

Ce composant a pour tâche la validation et la vérification de la spécification composée. Il s'assure que la spécification composée par insertion des aspects au module de base est correcte. Nous pouvons utiliser différentes technologies et langages, on peut utiliser des techniques de composition basées sur le langage XML tel qu'il a été décrit dans [8,23,51,9] , dont ces éléments de composition sont la contrainte, la base et le résultat. La *contrainte* définit un opérateur de composition et une action, souvent spécifique à la préoccupation, le *Résultat* définit le résultat de tissage des exigences aspectuelles. Aussi on peut composer des modèles UML tel que dans [15,10,] ou même par utilisation des langages typiquement orientés aspect tels que Aspectj, Hyperj , Compose*,…
En outre, les règles de composition produites peuvent être utiles pour des tâches de vérification et simulation du système. Elles ont l'avantage d'être une spécification qui concerne tous le système et ainsi on peut penser à des techniques de vérifications sémantiques basées sur la spécification (règle de composition) plutôt que d'utiliser des techniques syntaxiques.

Dans notre modèle, nous proposons d'utiliser les résultats du composant analyse des interactions entre aspects : les règles de composition, pour composer les aspects ou en moins pour guider le processus de composition. Quand nous sommes certains que c'est correct, nous avons une compréhension claire et une vision sur le système en cours de construction. On peut donc adapter et fixer les priorités des préoccupations, tout en respectant les règles de composition et la spécification composer.

Analogiquement à l'approche décrite dans [8] Les priorités fixées sont représentées dans le table5.7

	préoccupation 1	Préoccupation 2	... .	préoccupation n
CA 1	P [i, j]			
CA 2				
....				
Can				

Table 5.7: Table des priorités des préoccupations

> P [i, j] une valeur dans l'intervalle [0 .. 1]
> Cai est l'aspect candidats
> Préoccupation i : est une préoccupation de base (use case)

Les échelles utilisées sont analogiques à l'approche arcade [8], ils ont la signification suivante:

- Très important prend ses valeurs dans l'intervalle] 0,8 .. 1,0]
- Important prend des valeurs dans l'intervalle] 0,5 .. 0,8]
- Moyenne prend ses valeurs dans l'intervalle] 0,3 .. 0,5]
- pas si important prend ses valeurs dans l'intervalle] 0,1 .. 0,3]
- pas trop signifiant prend des valeurs dans l'intervalle [0 .. 0,1]

C'est priorités données en complément peuvent servir pour d'autres activités de l'ingénierie des exigences par aspect.

5.6 Exemple

Notre objectif est d'expliquer les idées principales proposées dans ce chapitre à l'aide d'exemple simple. Prenons l'exemple décrit dans l'introduction générale.

il s'agit d'une version simple d'un système « sub way ». Pour utiliser le « sub way », un client doit posséder une carte créditée d'une certaine

142

somme d'argent. La carte est achetée et créditée dans les machines d'achats spéciaux disponibles dans les stations du « sub way ». Le client utilise cette carte dans une machine d'entrée pour initier son voyage. Quand il atteint sa destination, la carte est utilisée dans une machine sortie qui débite un montant dépendant de la distance parcourue. Les portes ne s'ouvrent que si la carte est assez créditée sinon le client doit ajouter de l'argent en se rendant sur une machine d'achat.

5.6.1 Identification et spécification des préoccupations fonctionnelles

Prenons le simple cas où un seul acteur, le client, est identifié, le système doit offrir les préoccupations fonctionnelles: *Buycard, Loadcard, Refundcard, Entersubway et Exitsubway* a l'acteur client. Le diagramme de cas d'utilisation qui spécifie les préoccupations fonctionnelles est illustré dans la figure5.2, où la fonctionnalité *validatecard* a été factorisée après raffinement de la spécification des cas d'utilisation. Toutes les préoccupations fonctionnelles sont spécifiées par le modèle de spécification : table5.1 précédemment décrit.

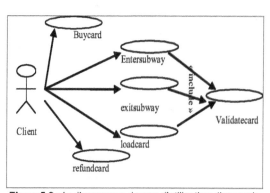

Figure5.2 : le diagramme de cas d'utilisation d'exemple

5.6.2 Identification et spécification des préoccupations non fonctionnelles (NFRS)

Les préoccupations non fonctionnelles sont identifiées à partir du catalogue NFR [22], on a pu obtenir:

➢ temps de réponse (*Response time):* le système doit réagir dans une courte durée de temps .

➢ *précision (Accuracy)*: seules des sommes correctes doivent être débitées ou créditées à partir d'une carte .

➢ *accès multiple (Multi-access)* : plusieurs passagers peuvent utiliser le système en même temps.

➢ *disponibilité (Availability):* le système et les machines doivent être disponibles lorsque le « sub way » est ouvert.

➢ *securitré(Security):* les informations de la carte doivent être protégées contre les actions illégales.

Chacune de ces préoccupations est spécifiée avec un graphe SIG « Softgoal interdépendance graphique », et est écrite dans le modèle de description (table 5.3). la figure 5.3 montre un graphe SIG pour la préoccupation sécurité, et la table 5.8 montre son modèle de description

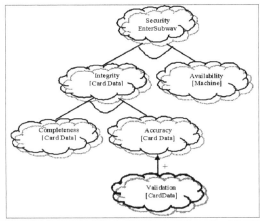

Figure5.3 le graphe SIG de la préoccupation sécurité [22]

Nom	temps de réponse
Description	Le système doit réagir dans des situations particulières, par exemple pour entrer dans le

144

	système sub way
Priorité	Très haute
Décomposition	<none>
Où	Entersubway, Exitsubway
Requirements Exigences	Entersubway, Exitsubway
Contribution	(-) Sécurité, (-) accès multiple

Table5.8: modèle de description de la préoccupation temps de réponse

5.6.3 Identification et spécification des préoccupations transversales

Nous identifions les préoccupations non fonctionnelles: temps de réponse (response time), la sécurité (security), la disponibilité (availability), la précision (accuracy) comme préoccupations transversales.

La préoccupation fonctionnelle validate card est une préoccupation transversale, la table 5.8 montre la relation de coupure aspect base.

	Enter subway	Buycard	Validate card	Exit subway
Response time	√			√
Security	√	√		√
Availability	√	√		
accuracy	√	√	√	√
Validate card	√			√

Table 5.9: Identification des préoccupations transverses pour le système « sub way »

Chaque préoccupation transversale est spécifiée par une spécification de composition telle que décrite dans la table 5.5

Par exemple, nous spécifiant que:

- la préoccupation temps de réponse (RT) chevauche avant (overlaps before) les cas d'utilisation Entersubway: (RT befor e Entersubway)
- la préoccupation temps de réponse (RT) chevauche avant (overlaps before) les cas d'utilisation Exittsubway : (RT before Exittsubway)

Les interactions sont identifiées et représentées dans les Table 5.10.

préoccupation intervenant	entersubway	validatecard
client	*Validate card, RT, S.AV, S.integrity.AC ,S.integrity*	*s.integrity.AC*

Table 5.10: identification des interactions entre les aspects pour le systeme "sub way"

5.6.4 Analyse et composition des préoccupations

Ensuite, nous identifions les conflits et nous les résolvons (à l'aide de la matrice de contribution, par exemple) finalement nous générons des règles de composition pour toutes les bases (points de jonction)

Ces règles peuvent être spécifiées avec les opérateurs LOTOS décrit dans [17], qui restent une spécification abstraite. Par exemple, la règle de composition pour les cas d'utilisation Entersubway est la suivante:

S.AV >> ((Validatecard >> (Entersubway || RT)) ||S.integrity.AC)>>S.integrity S. AV>> ((Validatecard>> (Entersubway | | RT)) | | S.integrity.AC)>> S.integrity

5.7 Remarque et discutions

➢ Dans ce chapitre nous avons proposé un modèle pour faire face aux interactions entre les aspects. Exactement, Nous avons séparé nos préoccupations pour ne s'intéresser qu'à une seule préoccupation dans l'ingénierie des exigences orientées aspect : comment traiter les interactions ? Ainsi le modèle proposé est loin d'être le modèle générique de l'AORE généralement proposé dans les approches orientées aspect telles que dans [8,6,....]. en effet, il représente la vue subjective de la problématique traitement des interactions entre les aspects dans la phase des exigences par rapport au modèle d'AORE complet. Cela nous permet de nous concentrer sur ce problème, developper une meilleure compréhension du problème et surtout permet une meilleure prise en charge des interactions entre les aspects. En plus, Notre modèle n'inclut pas une activité de projection des aspects dans des artéfacts des phases suivantes. Car, on suppose que celle-ci est une autre problématique qui doit être étudiée séparément.

➢ Aussi, bien que nous reconnaissant l'allure générique de la séparation multi dimensionnelle, celle-ci n'est pas actuellement abordée dans ce modèle. Etant donné que la plupart des ingénieurs d'exigences, en général sont habitués à penser en termes de deux dimensions. ils trouvent souvent que l'identification et classement des exigences à l'aide de mécanismes (tel que les cas d'utilisations) rend la tâche d'identification non triviale [23], et cela facilite l'identification et l'analyse des préoccupations candidats appropriées par conséquent [23].

➢ Ce modèle est considéré comme version initiale, dont les idées principales ont été validées et proposées dans [68]. Essentiellement, Dans cette version initiale nous mettons les points suivants évidents :

✓ trois parties principales sont indispensables pour s'occuper des interactions: le composant d'identification et spécification des aspects, le composant d'analyse et le composant de composition.

✓ Il est indispensable de spécifier les préoccupations transversales, nous proposons l'utilisation d'un modèle de spécification qui constitue en la spécification de composition d'un aspect, et elle est utilisée par l'activité d'analyse ultérieurement.

✓ il est nécessaire d'obtenir d'autres spécifications pour composer les aspects celle-ci satisfait le comportement des aspects et les comportements de la base (point de jonction), et aussi, satisfait les dépendances entre les aspects et avec la base (point de jonction). Cette spécification doit être abstraite et indépendante de la technique de composition

✓ Enfin, le composant de la composition détient le rôle de validation et de vérification, il consiste à utiliser les règles de composition pour composer le système.

➤ Nous ici faisons la remarque que si on compare notre modèle au modèle générique d'AORE, le processus de composition de notre modèle est optimisé, les interactions potentielles et conflits peuvent être déduites et traitées avant la composition, une seule composition (itération) peut être suffisante. cela est aussi possible dans certaines versions de l'outil ARCADE [8].

➤ En outre la spécification de composition dans notre modèle est en quelque sorte constituée de deux spécifications : la spécification de composition de l'aspect (spécification d'aspect) (peut être en quelque sorte similaire à des règles d'Arcade) et des règles de compositions attribuées au point de jonction. cela rend la spécification complète par rapport aux aspects, et aussi complète par rapport aux points d'interactions.

➤ A travers ce modèle on est persuadé que la tâche de l'analyse des interactions attribuée au composant d'analyse est une tâche très dure et difficile. Nous devons développer des techniques d'analyse efficaces qui répondent à des besoins spécifiques tels que:

- étudier tous les types d'interactions et les classer en catégories significatives
- trouver toutes les solutions possibles pour composer les aspects
- réutiliser nos expériences sur la résolution des conflits
- bénéficier de techniques génériques d'analyse des interactions entre les aspects, qui ne sont pas spécifiques ou liées à des techniques de composition et d'identification des aspects.

5.8 Conclusion

Dans ce chapitre nous avons proposé un modèle pour faire face aux interactions entre les aspects, le modèle proposé est composé de trois parties principales : le composant d'identification et spécification des aspects, le composant d'analyse et le composant de composition. La première partie est constituée de l'identification et la spécification des préoccupations fonctionnelles, non fonctionnelles et les préoccupations transversales. La deuxième partie est le composant d'analyse; il encapsule les tâches de: identification des interactions, identification des dépendances, détection et résolution des conflits et la génération des règles de composition. Enfin, le composant de la composition détient le rôle de validation et de vérification, il consiste à utiliser les règles de composition pour composer le système.

La tâche de l'analyse est très dure et difficile. Nous devons développer des techniques d'analyse efficaces qui répondent à des besoins spécifiques de l'analyse des interactions entre les aspects. Dans le chapitre suivant, nous nous concentrerons sur le composant d'analyse des interactions entre aspects, pour présenter une technique générique pour le traitement des interactions entre les aspects.

6. Une technique générique pour l'analyse des interactions entre les aspects

6.1 Introduction

Comme il est favorable de traiter et comprendre les interactions des aspects aussitôt que possible dans le cycle de vie logiciel, nous proposons dans ce chapitre une technique lors de la phase d'analyse qui permet à l'utilisateur d'analyser l'interaction entre les aspects, tout en reposant sur la recherche de chemins Hamiltoniens. La technique est supposée générique. Elle exploite les dépendances générées par les opérateurs comme avant, après, autour et remplacer, elle utilise la spécification de la composition des aspects à analyser et produit des règles de composition qui peuvent être utilisées pour composer ou au moins guider le processus de composition.

Notre technique dans son fondement se base sur des notions élémentaires de la théorie de graphes. Celle-ci, par rapport aux méthodes et techniques de la recherche opérationnelle, constitue un des instruments les plus efficaces pour représenter et modéliser puis résoudre les problèmes discrets [37].

Nous allons d'abord présenter quelques notions et éléments de la théorie des graphes qui sont essentiellement exploitées par notre technique, puis dans les sections subséquentes notre technique est bien expliquée et les idées et notions élémentaires sont détaillées par un exemple abstrait, enfin la technique est instancier sur un exemple concret

6.2 Eléments de la théorie des graphes

La théorie des graphes s'est développée dans diverses disciplines telles que la chimie, la biologie, les sciences sociales. Elle constitue une branche à part entière des mathématiques.

De manière générale, un graphe permet de représenter la structure, les connexions d'un ensemble complexe en exprimant les relations entre ses éléments [37]. Les graphes constituent donc une méthode de pensée qui permet de modéliser une grande variété de problèmes en les ramenant à l'étude de sommets et d'arcs.

En effet un graphe G noté G=(X,U) est constitué de deux ensembles : un ensemble X de sommets matérialisés par des points et un ensemble U de lignes reliant deux sommets ensemble. un graphe est orienté si les lignes sont orientées on les appelle arcs. En revanche un graphe dont les lignes sont non orientées est un graphe non orienté [37]

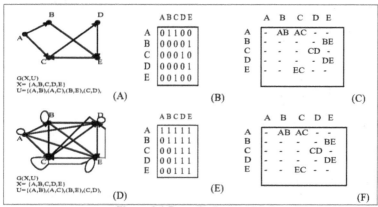

Figure 6.1 Exemple d'un graphe

Au sens mathématique, ces flèches (arcs) peuvent symboliser une application φ dont le point extrémité initiale est la variable et l'extrémité terminale est l'image (valeur). A chaque sommet (point) de l'ensemble X correspond par l'application φ un sous ensemble de X, dans l'exemple ci-dessus (figure4.1(A)) on a φ (A)= {B,C}. Le graphe G est défini si l'ensemble de sommet et de l'application φ sont connus. D'une manière équivalente G=(X, φ) = (X,U) . L'ensemble des arcs U n'est donc qu'une relation binaire, c'est un sous ensemble de produit cartésien X.X [37]. Dans un graphe orienté on appelle chemin une suite d'arcs dont l'extrémité terminale de chacun, sauf le dernier est l'extrémité initiale du suivant. Un chemin qui se ferme sur luis même est nommé circuit. Un chemin est dit élémentaire s'il passe par un sommet une seule fois et il est simple s'il ne passe par un arc qu'une et une seule fois. La longueur d'un chemin est le nombre de ses arcs. Dans un graphe constitué de n sommets le chemin élémentaire le plus long est de longueur |n-1|.on l'appel le chemin

Hamiltonien. Par définition un chemin Hamiltonien est un chemin élémentaire qui passe par tous les sommets une et une seule fois.

Souvent un graphe est défini par sa matrice d'adjacence : **M** qui est une matrice booléenne tel qu'il est décrit dans la figure 4.1.(B). Cependant il existe également d'autres manières pour représenter un graphe tel que les listes de successeurs et matrice aux arcs **A** représenté dans figure4.1(C)

6.2.1 Chemins de longueur K et fermeture transitive

On appelle la fermeture transitive d'un sommet x, d'un graphe $G=(X,\varphi)$, l'expression : $\varphi(x) = \{x\} \cup \varphi(x) \cup \varphi^2(x) \cup \varphi^3(x)\ldots\ldots \cup \varphi^{n-1}(x)$

Ou $\varphi^k(x) = \varphi(\varphi^{k-1}(x))$.

la fermeture transitive de l'ensemble des sommets X ,par conséquent est obtenu en calculant la matrice boolienne : $^\wedge M = I + M + M^2 + M^3 + \ldots\ldots\ldots + M^{n-1} = (I+M)^{n-1}$

I est la matrice unitaire boolienne et M la matrice d'adjacence (boolienne) , la figure 4.1.(D)(E) montre la fermeture transitive relative au graphe d'exemple. Toutefois Pour trouver les chemins constitués de k arcs on utilise la multiplication latine qui consiste à multiplier deux matrices aux arcs : A^2 énumère tous les chemins de longueur 2, A^k énumère tous les chemins de longueur K, ainsi A^{n-1} énumère tous les chemins Hamiltonien [37]

6.3 Présentation de la technique

La technique proposée est générique, puisqu'elle n'est pas dépendante de la méthode et technique d'identifier les aspects ou les composent.   Elle exploite les dépendances générées par les opérateurs pour raisonner sur l'interaction entre les aspects, elle utilise la spécification de composition des aspects candidats (alias spécification d'aspect) pour raisonner sur les interactions et achever les rôles et objectifs du composant d'analyse des interactions. Et aussi fournit une sortie: les règles de compositions, qui peuvent être usées et mises en oeuvre par d'autres langages et techniques de composition, pour correctement attacher les aspects et le composant de base.

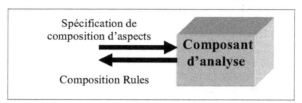

Figure 6.2: le composant d'Analyse des interactions entre aspects

Malgré que, la spécification de composition de l'aspect précise les informations nécessaires pour sa composition, où et comment il sera attaché aux points de jonction. Celle-ci demeure limitée. Chaque aspect candidat encapsule des informations nécessaires à sa composition. Et, il ne sait en rien avec quels autres aspects il sera introduit. Par conséquent, il faut obtenir une autre spécification, complète, qui organise les interactions entre les aspects: les règles de composition [6]. Il faut analyser les cas d'interactions, pour satisfaire le comportement de tous les aspects candidats introduits dans le module de base, satisfaire le comportement de module base (le comportement des points de jonction) luis même, et il faut réfléchir sur ces interactions, tout en ayant la possibilité de résoudre les conflits détectés et satisfaire les dépendances entre les aspects. Analogiquement à [67, 70, 68, 69], c'est la stratégie adoptée par la technique proposée. La Figure4.3 montre l'algorithme général de l'analyse des interactions dans un seul point de jonction.

Ainsi, on peut conclure que L'activité d'analyse inclut les tâches suivantes:

- Détection des interactions entre les aspects
- Détection des dépendances
- Détection des conflits potentiels
- Raisonnement et résolution des conflits
- Génération des règles de composition

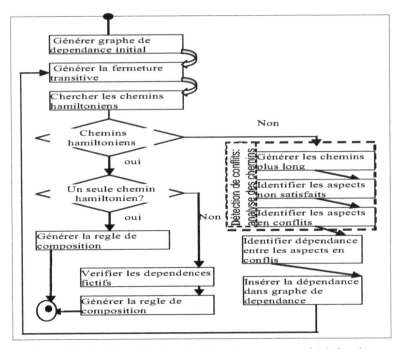

Figure 6.3: algorithme d'analyse des interactions pour un point de jonction

6.3.1. La spécification de composition de l'aspect (spécification d'aspect) :

Elle est l'entrée du composant d'analyse. Tel qu'il est utilisé dans [68,69], nous utilisons un modèle de description (table 6.1) pour spécifier les préoccupations transversales. Ce modèle englobe la spécification de coupure d'un aspect et le comportement attaché (advice) à un point de jonction pendant le processus de composition des aspects. En clair, Il décrit la spécification de composition pour un seul aspect. Le modèle proposé est conçu, appuyé sur l'approche proposée dans [20,68,69].

154

Aspect ::	Non :	....	Code :	....
Type d'aspect : /* optionnel*/	○ Simple ○ Composite	Partie constituant : /* optionnel*/	▪ .... ▪ .... ▪	▪ ....
Advice :	....			
Elément influencé /* use case */	Opérateur	Point touché /*optionnel*/	Pré condition /* optionnel*/	Post condition /* optionnel*/

Table6. 1: Modèle de spécification des préoccupations transversales
(Spécification de composition d'aspect)

Nous faisons la remarque que le modèle de description décrit ci-dessus est une version plus détaillée et raffinée que celle décrite dans [68,69,64, 65, 66, 67,70]. Pour des raisons de simplification et conformité avec l'approche décrite dans [67] et le modèle de traitement présenté dans [68] que nous avons utilisé la version initiale simplifiée qui permet d'expliquer l'idée qu'un aspect gère sa spécification de coupure.

Cependant, dans cette version élaborée, nous avons généralisé la base à un élément affecté (qui est généralement un cas d'utilisation tel que dans [68,69,65,64] et nous avons ajouté une section optionnelle qui indique si un aspect est simple ou constitué de plusieurs aspects et ses parties constituantes dans ce cas. Cette section optionnelle peut être utile seulement pour des aspects composites. Malgré cela on peut se disposer pour utiliser la version initiale simplifiée.

Chacun des aspects est spécifié par ce modèle de description, dans le cas d'aspect constitué de plusieurs aspects (partie), chacun de partie (aspect) est spécifié par un modèle de description. Pour cette raison, on pense qu'un aspect constitué de plusieurs parties aura une spécification de coupure s'il contient des parties non aspect, sinon sa spécification de coupure est capturée par la spécification de ses parties constituantes. En outre, ce modèle de description est utilisé pour spécifier les préoccupations transversales fonctionnelles et les préoccupations transverses non fonctionnelles sans différence.

Les parties en gris dans le modèle constitués de : Aspect ::, Non, Code, Advice, Elément influencé et Operateur , sont obligatoires, les autres parties (en orange) qui incluent : Type d'aspect (simple, composite), Partie constituant, Point touché, Pré conditions, Post conditions, sont les parties optionnelles. Eléments influencés (généralement des Cas d'utilisations):

spécifie les préoccupations de base. Et, les opérateurs suivants sont adoptés pour déterminer comment chaque aspect touche le comportement des préoccupations de base (opérateurs):

- **Chevaucher/Avant (Overlap/before):** l'aspect candidat est appliqué avant la préoccupation de base. Le comportement décrit par l'aspect candidats doit être remplie avant la satisfaction de comportements de la préoccupation de base [15, 20].

- **Chevaucher/Apres (Overlap/after):** l'aspect candidat est appliqué après la préoccupation de base. Le comportement décrit par l'aspect candidat doit être rempli après la satisfaction du comportement de la préoccupation de base [15,20].

- **Surcharger** (Override): le comportement décrit par l'aspect candidat remplace le comportement défini par la préoccupation de base. Cet opérateur représente en quelque sorte le qualificatif autour sans instruction « proceed » d' AspectJ [15, 20, 21].

- **Enveloppement (Wrap):** le comportement décrit par la préoccupation est enveloppé par le comportement décrit par l'aspect candidats. Cet opérateur est similaire au qualificatif autour avec instruction « proceed » d'AspectJ [15, 20]

Ces opérateurs sont généralement utilisés dans les approches d'AORE. En ce qui suit, la notation suivante: **Avant, Après, Remplacer, et Autour**, est adoptée pour exprimer dans l'ordre les opérateurs ci dessus :

opérateurs		Notation adoptée
Overlap/before		**Avant**
Overlap/after	⇒	**Après**
Override		**Remplacer**
Wrap		**Autour**

6.3.2 Détection des interactions entre les aspects candidats

S'appuyant sur la méthode décrite dans [6], nous utilisons une matrice: matrice de point de correspondance (Matching point matrix), qui représente les relations des exigences des intervenants (des acteurs) aux éléments de modèle (ex: cas d'utilisation). Pour identifier les points de correspondance qui sont une abstraction du point de jonction [6], et identifier les interactions entre les aspects candidats, L'ensemble des points de correspondance de chaque aspect candidat sont obtenus en utilisant sa spécification de composition, et sont remplis dans la matrice de point de correspondance, Où chaque cellule représente un point de correspondance (notée Mpi) est occupé par la liste des aspects candidat (noté Cai) [6].

Préoccupation intervenants	Concern1	Concer2	....	concern$_n$
Intervenants 1	CA1, CA2 (MP$_A$)	CA1, CA4 (MP$_B$)	... ...	... .
⋮	... ...	....	....	....
Intervenant N	CA3, CA4 (MP$_D$)	CA2 (MP$_C$)	... ...	CA$_i$, CA$_j$ (MP$_n$)

Table 6.2: matrice des points de correspondance (Match Point Matrix) [6]

Pour un point de correspondance, on spécifie une règle de composition. S'il y a un seul aspect candidats touchant ce point, aucun problème n'est détecté. Pourtant il faut satisfaire l'opérateur utilisé pour l'attachement de l'aspect. La dépendance entre aspect et Point de jointure (de base), est en effet représentée par le type d'opérateur qui doit être rempli et satisfait. Néanmoins, un problème d'interaction entre les aspects est détracté, S'il y a plusieurs aspects candidats affectant le même point de jonction (base), il existe des interactions entre les aspects et évidemment avec le point de jonction (le module de base).

L'interaction n'est pas toujours une relation négative. Analogiquement a [18], nous classons les interaction entre les aspects à des interactions positives laissons émerger le comportement approprié du système et des interactions négatives indésirables sources de comportement incohérent et inconsistant du système. Nous distinguons deux types d'interactions : des interactions de type conflits et des interactions de type dépendance:

- **Conflit:** capture la situation d'interférence, un aspect qui fonctionne correctement dans l'isolation, et ne fonctionne plus correctement, une fois qu'il est composé avec d'autres aspects. L'aspect en conflit ne peut avoir lieu après la satisfaction des autres aspects touchant le même module de base de même, c'est une interaction négative [11,18].

- **Dépendance:** couvre la situation où l'un des aspects explicitement nécessite un autre aspect, et dépendant de lui pour être satisfait. La dépendance est une relation positive [18,11].

Il est très important et nécessaire de pouvoir raisonner sur les interactions, d'identifier les dépendances, et d'identifier et résoudre les conflits.

6.3.3 Identification des dépendances

Pour illustrer la technique, laissez nous supposer les aspects candidats A1, A2, A3, A4 A5 influençant le point de jonction P. Supposons que:
Aspect A1 chevauche avant le point de jonction (A1 avant P).
Aspect A2 chevauche après le point de jonction P (A2 après P).
Aspect A3 enveloppe le point de jonction P (A3 autour de P).
Aspect A4 surcharge le point de jonction (A4 remplacer P).
Aspect A5 chevauche avant le point de jonction (A5 avant P).
Aspect A6 chevauche après le point de jonction (A6 après P).

Il existe des interactions entre les aspects A1, A2, A3, A4, A5, A6 et également avec le point de jonction P. Ainsi, pour identifier les relations de dépendance, nous exploitons les dépendances générées par les opérateurs.
Nous proposons les trois *considérations* suivantes :

6.3.3.1 Première considération (dépendance aspects base):
Selon le type d'opérateur appliqué pour insérer l'aspect à un point de jonction, nous sommes convaincus qu'il y a une dépendance, entre l'aspect et le point de correspondance.

- **L'Opérateur avant:** le point de jonction P n'est jamais satisfait, avant la satisfaction des aspects (A1, A5) et la satisfaction de P dépend de la satisfaction des aspects A1 et A5. Ainsi, nous identifions les dépendances: P → A1 et P → A5.

158

🔸 **L'opérateur Après :** le point de jonction P doit être satisfait avant la satisfaction des aspects A2, A6. le comportement des aspects A2, A6 doit être attaché après le point de jonction P. Donc la satisfaction de A2 et A6 dépend de la satisfaction de P et nous identifions les dépendances A2 →P et A6 → P.

🔸 **L'opérateur autour:** le comportement de l'aspect A3 doit être satisfait en parallèle avec la satisfaction du comportement du point de jonction P. Il est considéré comme un cas de synchronisation (P synchronise avec A3). Le comportement du point de jonction est satisfait, après la satisfaction du comportement de l'aspect A3 (et l'exécution de l'instruction « proceed » comme AspectJ). Par conséquent, la satisfaction de P dépend de la satisfaction de A3 et nous identifions la dépendance: P → A3. Cette dépendance est notée (P => A3) (en parallèle).

🔸 **L'opérateur remplacer:** l'opérateur substitue le comportement du point de jonction P par le comportement de l'aspect A4. Le comportement de P n'est pas exécuté, mais aussi le comportement de l'aspect A4 ne peut être satisfait que si le point de jonction P soit atteint. En conséquence, la satisfaction de A4 dépend de P. On note cette dépendance: A4 ---> P (P est non exécuté, A4 remplace P).

6.3.3.2 La deuxième considération (dépendances indirectes) :

La dépendance est une relation transitive. Étant donné les aspects A_i, A_j, A_k: A_i dépend d'aspect A_J et A_J dépend de l'aspect A_k implique que A_i dépend de A_k. Laissons-nous faire les suppositions suivantes :
Soit les aspects candidats A_i, A_j, A_k. A_i doit être satisfait avant A_j et A_j doit être satisfait avant A_k. Donc il est évident que A_i doit être satisfait avant l'aspect A_k.

6.3.3.3 La troisième considération (les dépendances fictives) :

Concerne les opérateurs : remplacer et autour. Selon une certaine probabilité bien déterminée on peut identifier quelques dépendances fictives (artificielles), Pour ces deux opérateurs.

➢ **Opérateur autour** : le comportement d' aspect A3 doit être satisfait en parallèle avec le comportement du point de jonction P,cela nous permet de déduire qu'il existe une grande et réelle possibilité que l'aspect A3 dépend de tous les aspects desquels le point de jonction P dépend . Les dépendances fictives A3 →A1, A3 → A5 sont identifiées. Nous les marquons en rouge.

➢ **Opérateur remplacer:** l'aspect A4 modifie le comportement du point de fonction P. Par conséquent, cela nous permet de conclure qu'il existe une forte possibilité que tous les aspects dépendant de point de jonction P deviennent dépendants de l'aspect A4 . Les dépendances fictives A6 → A4, A2 → A4 sont identifiées.

Les dépendances fictives ne sont pas des dépendances réelles. Elles sont caractérisées par un certain degré de probabilité (faible ou forte), leur utilisation et leur identification ne soit pas obligatoires, mais ils ont l'avantage d'aider et de simplifier l'analyse. Elles nous permettent de générer les solutions possibles sur un certain degré de probabilité et de centrer l'analyse sur un ensemble réduit de dépendances.

6.3.4 Le Graphe de la dépendance et sa fermeture transitive:

Le graphe de dépendance Gd= (X, U) représente les dépendances identifiées. L'ensemble des sommets (X) inclut le point de jonction et les aspects qui seront insérés. Initialement, dans la première itération d'analyse, l'ensemble des arcs (U) contient les dépendances générées par exploitation de type d'opérateurs utilisés pour introduire les aspects (dépendance aspect- point de jonction) avec ou sans dépendances fictives.

> **En 1ere itération**
> **Graphe de dépendance :** Gd= (X, U)
> X={P, Ai } ,i =1..n et Ai est un aspect a inséré dans P,
> P est le point de jonction (module de base)
> U={(P,Ai)(Aj,P),(Ai,Aj)} tel que :
> (P,Ai) ∈ U sii Ai avant P ou Ai autour P
> (Aj,P) ∈U sii Ai apres P ou Aj renplaceP
> (Ai,Aj) ∈U sii Ai autour P et (P,Aj) ou sii Ai remplace P
> et (Aj,P)
>   (Ai,Aj) sont des dépendances fictives

La fermeture transitive Gd⁺ du graphe de dépendance Gd= (X, U) représente les dépendances directes et indirectes entre les aspects et point de jonction, tout en incluant les dépendances transitives qu'on peut déduire (hypothese03).
Elle est calculée tel qu'il est indiqué dans la section 2.1

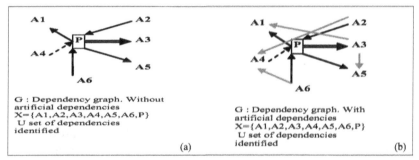

Figure 6.4: graphe de dépendance :(A): sans dépendances fictif, (B) avec des dépendances fictive

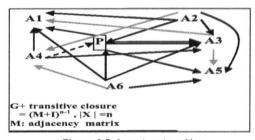

Figure 6.5: fermeture transitive

4.3.5 Détection des conflits entre les aspects:

Notre objectif est sans doute de satisfaire le comportement de tous les aspects et le point de jonction tout en satisfaisant les dépendances entre les aspects et le point de jonction. A cette fin, Une fois le graphe de dépendance initiale et sa fermeture transitive sont générés, la détection des conflits peut être effectuée par une simple recherche des chemins hamiltoniens dans la fermeture transitive.

Nous rappelons qu'un chemin hamiltonien est un chemin élémentaire, qui passe par tous les sommets une et une seule fois. Ainsi, on peut considérer qu'un chemin hamiltonien dans la fermeture transitive d'un graphe de dépendance est une solution qui satisfait le comportement de point de jonction (base) et les aspects (il passe par tous les sommets une fois et une seule fois).

L'identification des conflits entre les aspects devient une réponse à une question triviale: Y a t-il un chemin hamiltonien qui satisfait le comportement de la base (point de jonction) et tous les aspects insérés? S'il n'y a pas de chemin hamiltonien, alors il y a un conflit.

Au moins, un aspect est en conflit. Il n'est pas satisfait s'il n'a pas pu atteindre le point de jonction. Notant ici que les conflits détectés dans ce cas sont des conflits d'ordre.

Dans l'étape subséquente, nous identifions les aspects conflictuels qui ne sont pas satisfaits. À cette fin, nous générons tous les plus longs chemins dans la fermeture transitive. Nous analysons chacun des chemins générés pour identifier dans chacun des cas les aspects non satisfaits. Ensuite, nous identifions les aspects qui sont satisfaits en exclusion mutuelle. Par exemple, examinons la fermeture transitive indiquée dans la figure6.5 Il n'y a pas de chemins hamiltoniens dans la fermeture transitive, donc il y a au moins un conflit d'ordre entre les aspects. Dans ce cas, les plus longs chemins sont générés et montrés dans le tableau suivant.

162

Les chemins les plus long	Analyse des chemins les plus long
CH1= A2A4PA3A5	A6,A1: sont non satisfaits
CH2= A2A4PA3A1	A6,A5: sont non satisfaits
CH3= A6,A4PA3A5	A2,A1: sont non satisfaits
CH4= A6A4PA3A1	A2,A5: sont non satisfaits
synthèse d'analyse des conflits	↓ Conflit entre (A1,A5) ↓ Conflit entre (A6,A2)

Tableau 6.3: le plus long chemin de l'exemple présenté dans la figure

6.3.6 Résolution des conflits

Les conflits doivent être résolus. Une fois, les aspects en conflits sont détectés, la solution que nous proposons consiste à identifier et ajouter une dépendance entre les aspects en conflit d'ordre (satisfait en exclusion mutuelle).

Les dépendances de résolution utilisées pour la résolution représentent ici des informations sur l'ordre d'exécution des aspects en conflits. Pour éclairer l'idée, examinons par exemple les cas suivants :

- **La priorité entre les aspects:** Ai possède une priorité plus élevée que Aj. Implique que l'aspect Aj dépend de l'aspect Ai. La satisfaction de comportement de l'aspect Ai est avant la satisfaction du comportement de Aj

- **les aspects Ai et Aj s'influencent positivement et se renforcent :** cela implique que l'ordre de leur composition est libre Ai peut dépendre de Aj et Aj peut dépendre de Ai. puisque, la relation de renforcement entre deux aspects indique une interaction positive qui permet d'étendre les fonctionnalités l'un de l'autre.

- **Un aspect Ai utilise un aspect Aj,** cela implique que aspect Ai dépend de l'aspect Aj , la satisfaction de comportement de Ai dépend de la satisfaction de comportement de Aj

163

- **Un aspect Ai a ses pré conditions incluses dans les post-conditions de l'aspect Aj:** implique que l'aspect Ai dépend de l'aspect Aj, puisque les pré conditions d'exécution de Ai dépendent de l'exécution de Aj.

- **Un aspect Ai inclut un autre aspect Aj (cas d'utilisation) :** implique que la satisfaction de l'aspect Ai dépend de la satisfaction du cas d'utilisation Aj, puisque la dépendance d'inclusion indique que le cas d'utilisation Aj est une partie du cas d'utilisation Ai.

- **Un aspect Ai étend un autre aspect Aj (cas d'utilisation) :** implique que la satisfaction de l'aspect Ai dépend de la satisfaction et l'exécution du cas d'utilisation Aj, puisque la dépendance d'extension indique que le comportement de Ai est un comportement alternatif qui peut être ajouté ou exécuté à un point d'extension donné dans des conditions qu'on peut préciser.

Les dépendances ajoutées peuvent être identifiées à partir de l'analyse de la spécification des préoccupations ou de faire une négociation directe avec les intervenants concernés en cas de compromis. Pour élucider, observons l'exemple antérieur. Nous supposons qu'après une discussion avec les acteurs concernés, nous définissons une priorité sur les préoccupations: A1 a une priorité plus élevée que A5, A6 a une priorité supérieure à la priorité de A2. Nous identifions les dépendances A5 → A1 et A2 →A6.

Une fois que les conflits sont traités et résolus, les dépendances de résolution identifiées sont ajoutées au graphe de dépendance. Nous générons un nouveau graphe de dépendances qui inclut les dépendances de résolution identifiées (dépendance Aspect-Aspect). Aussi, nous générons la fermeture transitive du graphe de dépendance et nous retrouvons les chemins Hamiltoniens.

En 2ᵉᵐᵉ itération

Gd= (X, U)

X={P, Ai } ,i =1..n et Ai est un aspect a inséré dans P,

P est le point de jonction (module de base)

U={(P,Ai)(Aj,P),(Ai,Aj)} tel que :

(P,Ai) ∈ U sii Ai avant P ou Ai autour P

(Aj,P) ∈U sii Ai après P ou Aj remplace P

(Ai,Aj) ∈U sii (Ai,Aj) est une dépendance fictive où

(Ai,Aj) est une dépendance de résolution

Deux situations peuvent se produire: il y a un ou plusieurs chemins hamiltoniens. Lorsqu'il y a plusieurs chemins hamiltoniens, nous devons examiner chacune des solutions trouvées, nous vérifions les dépendances fictives et nous ne gardons que les dépendances fictives fortes, les dépendances faibles sont éliminées. Par conséquent, les chemins hamiltoniens qui comprennent des dépendances faibles, ne sont plus considérés comme une solution, et sont supprimés de l'ensemble de solution.

6.3.7 Génération de la règle de composition

Après l'obtention de chemins hamiltoniens et la vérification des dépendances fictives, nous pouvons générer la spécification des règles de composition facilement.

Pour plus d'illustration examinons l'exemple précédent : (figure 6.5 : fermeture transitive initiale), la figure6.6 montre la fermeture transitive après avoir ajouter les dépendance de résolution (A5 → A1), (A2 → A6)

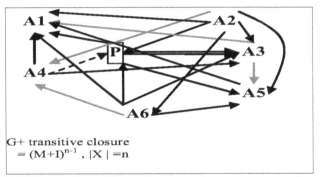

G+ transitive closure
= $(M+I)^{n-1}$, $|X| = n$

Figure 6.6: fermeture transitive après insertion des dépendance de résolution

Les chemins Hamiltoniens trouvés sont: Ch.= A2 A6 A4 PA3 A5 A1 ←.
La règle de composition peut être écrite suivant la direction de la petite
flèche au-dessus du chemin

A1 avant P

A5 avant P

A3 autour de P

P

A4 remplacer P

A6 après P

Nous pouvons aussi écrire la règle de composition selon les opérateurs
LOTOS décrits dans [17] comme suit:

A1>> A5>> ((P>]A4) ||A3)>>A6>> A2

Notons ici, que dans des cas on peut fusionner des règles de composition
attribuées à plusieurs base/point de jonction pour obtenir des règles de
synthèse. Cela peut être envisagé par exemple dans des cas où un élément
aspect est à la fois aspect et point de jonction.

6.4 CAS D'ÉTUDE

Notre objectif est d'exécuter la technique sur un cas d'étude concret et de mieux expliquer les idées principales proposées dans ce chapitre. Prenons l'exemple décrit dans l'introduction général le système « sub way ».

Le système doit offrir les préoccupations fonctionnelles: **Buycard, Loadcard, Rfundcard, Entersubway et Exitsubway** à l'acteur client. Dans cet exemple, nous identifions les préoccupation transversales suivantes validate card (preocupation fonctionnel) et les préoccupations non fonctionnel : temps de réponse (Response time), précision (Accuracy), multi-accès, la disponibilité (availability), sécurité (Security).

Pour simplifier , prenons seulement les points de jonction (module de base) suivants : le cas d'utilisation « validate card » et le cas d'utilisation « Enter subway ». On peut avoir les spécifications de coupure des aspects suivantes (table 6.5), celle-ci est l'entrée de l'activité d'analyse et normalement à chacun des aspects doit correspondre un modèle de description tel qu'il est décrit auparavant (section 3.1). La table 6.4 montre à titre d'exemple le modèle de spécification de la préoccupation validate card. Cependant la table 6.5 montre en bref la spécification de coupure de chacun d'aspect (en se focalisant sur les modules base : validate card et Entersubway) et les parties constituant des aspects non simples constitues de plusieurs aspects (partie)

Aspect::	*Nom:*	*validate card*	*Code:*	*aspect001*
Advice:	scénario	nominal		
cas d'utilisation influencé	*Opérateur*	*point touché (facultatif)*	*Condition (facultatif)*	*Post condition (facultatif)*
Entersubway	Avant			
Exitsubway	avant			

Table 6.4 : exemple de modèle de spécification : la préoccupation
validate card

167

Aspect	Spécification de coupure	Unité (partie) constituant
Validate card	Validatecard avant Entersubway	
Temps de repense	RT autour Entersubway	
Sécurité		La sécurité est composé des sous préoccupations: integrity et avalibilitry S.intregritry et S.AV
Intégrité	S.integrity après Entersubway	L'intégrité est composée de sous préoccupations: completeness et precision (accuracy) S.integrity. completness. et S.integrity.accuracy
précision	S.integrity.accuracy autour Entersubway S.integrity.accuracy avant Validatecard	
disponibilité	S. AV avant Entersubway	

Table 6.5: Les spécifications de coupures des aspects de cas d'étude

6.4.1 Etape 1: identifier les interactions:

Les interactions entre aspects et avec le point de jonction sont identifiées tel qu'il a été expliqué et elles sont représentées dans la table 6.6

preoccupation Intervenant	entersubway	validatecard
client	Validate card, RT, S.AV, S.integrity.AC ,S.integrity	s.integrity.AC

Table 6.6 Identification des interactions

6.4.2 Etape2 : génération du graphe de dépendance initiale et sa transitive fermeture :

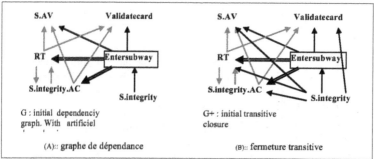

Figure 6.7: graphe de dépendance regeneré et la fermeture transitive de l'exemple.

Le tableau ci dessus explique la signification des dépendances générées.
Qu'on abstrait par une relation de priorité :

Arcs dans le graphe de dépendance	Signification d'arcs
(Entersubway, s.AV)	S.Av plus prioritaire que entersubway puisque la satisfaction de S.AV avant la satisfaction de Entersubway
(Entersubway,validatcard)	validatcard plus prioritaire que Entersubway puisque la satisfaction de validatcard avant la satisfaction de Entersubway
(S.itegrité,entersubway)	entersubway plus prioritaire que S.itegrité puisque la satisfaction de S.itegrité est après la satisfaction de Entersubway
(Entersubbway, RT)	RT plus prioritaire que Entersubway, la satisfaction de entersubway est synchronisée avec la satisfaction de RT Puisque la satisfaction de RT, et entersubway est en parallèle Il est possible que : (RT,Validatecard), (Rt, S.Av) (RT, S.integrity.AC)
(RT,Validatecard) //dépendance fictive//	Validate card est fort possible plus prioritaire que RT, la satisfaction de validate card est plus prioritaire que Entersubway et la satisfaction de RT est en parallèle avec entersubway

(Rt, S.Av) //dépendance fictive//	S.AV est fort possible plus prioritaire que RT, la satisfaction de S.AVest plus prioritaire que Entersubway et la satisfaction de RT est en parallèle avec entersubway
(RT, S.integrity.AC) //dépendance fictive//	S.integrity.AC est fort possible plus prioritaire que RT, la satisfaction de S.integrity.AC plus prioritaire que Entersubway et la satisfaction de RT est en parallèle avec entersubway
(Entersubway, S.integrity.AC)	S.integrity.AC plus prioritaire que Entersubway, la satisfaction de entersubway est synchronisée avec la satisfaction de S.integrity.AC. Puisque la satisfaction de RT, et entersubway est en parallèle Il est possible que : (S.integrity.AC ,Validatecard), (S.integrity.AC , S.Av) (S.integrity.AC , S.integrity.AC)
(S.integrity.AC , S.AV) //dependence fictive//	S.AV est fort possible plus prioritaire que S.integrity.AC , la satisfaction de S.AV est plus prioritaire que Entersubway et la satisfaction de S.integrity.AC est en parallèle avec entersubway
(S.integrity.AC , validatcard) //dépendance fictive//	validatcard est fort possible plus prioritaire que S.integrity.AC , la satisfaction de validatcard plus prioritaire que Entersubway et la satisfaction de S.integrity.AC est en parallèle avec entersubway
(S.integrity.AC, R.T) //dependence fictive//	RT est fort possible plus prioritaire que S.integrity.AC, la satisfaction de RT plus prioritaire que Entersubway et la satisfaction de S.integrity.AC est en parallèle avec entersubway

Table 6.7 : la signification des arcs de graphe de dépendance du cas d'étude

6.4.3. Etape 3: Détection des conflits:

Pas de chemins Hamiltoniens dans la fermeture transitive: il y a des conflits d'ordre qui doivent être traités. En conséquence, on trouve les plus longs chemins dans la fermeture transitive et on analyse chacun des chemins pour identifier les aspects mutuellement non satisfaits. Pour une meilleure explication Examiner le tableau 4.7

Les plus longs chemins	Analyse des plus longs chemins
Ch1 = S.integrité,Entersubway,s.integrity.AC, RT, Vaidatecard	S.AV : no satisfied
Ch2 = S.integrity,entersubway,RT, S.integrity.AC, sSAV	Validatecard : no satisfied
Ch3 = Sintegrity, Entersubway,RT, S.integrity,AC, validatecard	S.AV : no Satisfied
Ch4 = S.integrity, Entersubway,RT, s.integrity,AC, s.AV	Validat card : no satisfied
synthèse d'analyse des conflits (exclusion mutuelle)	**Conflit entre (Validatecard, S.AV)**

Table 6.8: les chemins les plus longs et leur analyse

Afin d'éclairer l'information engendrée a partir des plus longs chemins : prenons par exemple la première ligne dans le tableau ci dessus. Le chemin ch1 trouvé montre que la satisfaction de S.integrité dépend de la satisfaction de Entersubway, dépend de S.intregrité.AC dépend de RT, enfin dépend de la satisfaction de validatecard . Qui permet de déduire que validat cartd est plus prioritaire que RT, plus prioritaire que S.integriy.AC , plus prioritaire que entersubway et enfin plus prioritaire que S.integité .

Dans cette suite d'ordre d'exécution la préoccupation S.AV n'est pas exécutée. Elle n'a pas pu atteindre le point de jonction.

D'autre part, la deuxième ligne indique que la préoccupation validate cartd n'a pas pu être exécutée selon l'ordre d'exécution CH2.

On traite tous les plus longs chemins, on peut trouver un ensemble de couple d'aspects (dans cet exemple (validate cartd et S.AV)) dont leur satisfactions est mutuellement exclusive. Ils sont en conflit.

6.4.4 Etape 4: Résolution des conflits :

Nous définissons une relation de priorité à partir de la spécification des préoccupations. L'aspect S. AV a une priorité plus élevée que validatecard, puisque S. AV contraint toutes les exigences du cas d'utilisation Entersubway et le comportement de cas d'utilisation validatecart est inclut dans le cas d'utilisation Entersubway : la dépendance :validatecard → s.AV, est identifiée et insérée dans le graphe de dépendance.

6.4.5 Etape 5: Régénération du graphe de dépendance et de la fermeture transitive

Le graphe de dépendance régénéré et la fermeture transitive correspondante sont présentés dans la figure 4.8.

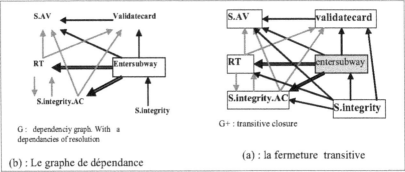

Figure 6.8 : Le graphe de dépendance régénéré et la fermeture transitive du cas d'étude

Les chemins hamiltoniens: sont les suivants:

Ch1 = S.integrité, Entersubway, S.integrity, AC, RT, Validatecard, S. AV

Ch2 = S.integrity, entersubway, RT, S.integrity.AC, Validatecard, S. AVE

A titre d'illustration ch1 Indique que la satisfaction de S.integrité, dépend de la satisfaction de Entersubway, dépend de la satisfaction de S.integrity. AC, possible dépend de la satisfaction de RT, dépend de la satisfaction de Validatecard, dépend de la satisfaction de S. AV

6.4.6 Etape 6: révision des dépendances fictives

Après révision, on a reconnu que la préoccupation RT est plus prioritaire que S.integrity.AC et la satisfaction de cette dernière ne peut être mise avant la satisfaction de la préoccupation tems de réponse (RT). La dépendance (S.integrity AC → RT) est donc une faible dépendance. Elle est ainsi supprimée de l'ensemble des dépendances, CH1 est aussi supprimé de l'ensemble des solutions, il n'est plus considéré un chemin hamiltonien . La solution retenue est ch2.

6.4.7 Etape7: Engendrement de la règle de composition:

Pour le cas d'utilisation Enersubway la règle de composition est la suivante:

S.AV >>validatecard>> ((intersubway || RT) || S.integrity.AC)
>>S.integrity S. AV>> validatecard>> ((intersubway | | RT) | |
S.integrity.AC)>> S.integrity

Dont la signification est la suivante : S.AV chevauche avant validatecard et validatecard chevauche avant intersubway, qui est enveloppé par RT,enveloppé ensuite par S. integrité.Ac enfin S.integrité chevauche après

Pour le cas d'utilisation Validatecard la règle de composition est la suivante:

Validatecard || S.integrity.AC Validatecard | | S.integrity.AC

Et comme le cas d'utilisation validatecard est inclus dans des cas d'utilisation Entersubway, nous pouvons fusionner les deux règles de composition pour obtenir: une règle de composition de synthèse pour le cas d'utilisation Enersubway:

S.AV >> ((Validatecard >> (Entersubway || RT))
||S.integrity.AC)>>S.integrity S. AV>> ((Validatecard>>
(Entersubway | | RT)) | | S.integrity.AC)> S.integrity>

6.5 Remarques et discutions

Avant de terminer il est très important d'insister sur des points caractéristiques et primordiaux dressés par cette technique générique.

- le premier point sur lequel on insiste, est que cette technique est générique puisqu'elle exploite la sémantique des opérateurs génériques de tissage utilisés qui désignent la localisation d'aspect par rapport à la base et cela sans être liées a un langage spécifique (tel que : aspectj, Hyperj... ou même XML)

- bien que cette technique a été proposé à une étape précoce (d'analyse des exigences), elle peut être utilisée et facilement adaptée à l' analyse des interactions dans les phases suivantes de conception et d'implémentation , puisque elle est générique et se base sur l'exploitation des concepts orientés aspect

- l'information réellement exploitée dans l'analyse par cette technique est la localisation des aspect par rapport à la base/point jonction : avant la base, après la base,...ect, sont des expressions facilement interprétées. A mon avis, l'être humain raisonne couramment par des expression de type avant (le point x), après (telle date) .... Ect

- un autre point complémentaire aux points indiqués ci dessus est que, dans cette technique, on fait la différence entre aspect et préoccupation ; un aspect est une préoccupation, mais toute préoccupation n'est pas un aspect. En définissant cette technique on a toujours gardé la définition que l'aspect est une préoccupation transverse qui coupe plusieurs préoccupations, c'est donc une préoccupation qui doit gérer sa localisation par rapport a la base où il s'introduit. Ce point parait évident, mais en réalité, il est un point essentiel et capital qui rend la technique générique. car l'aspect doit être enfin spécifié par une spécification générique, haut de la spécification de la préoccupation. Ce point est invoqué ici parce que souvent les aspects sont identifiés et spécifiés comme des préoccupations non fonctionnelles.

- si on compare notre technique d'analyse à l'approche d'analyse MRAT[51]qui exploite les opérateurs de tissage, les opérateurs utilisés ici ,sont généralement utilisés dans des approches AORE et sont plus génériques.

174

- La technique proposée ici, exploite les dépendances générées par les opérateurs de tissage et utilise aussi la recherche des chemins hamiltoniens pour détecter les aspects conflictuelles (qui sont en conflit d'ordre). Les chemins hamiltoniens obtenus définissent une solution utile pour composer les aspects, à condition que nous définissions les dépendances correctes. Aussi, si l'analyse aboutit à plusieurs chemins hamiltoniens (pour un point de jonction) et donc plusieurs solutions pour composer, dans ce cas, il est nécessaire de vérifier que les spécifications composées sont équivalentes dans tous les cas, sinon, il est nécessaire de corriger certaines erreurs possibles dans les spécifications de préoccupations et / ou de préoccupations transversales.
- Actuellement, Cette technique identifie et résout des conflits de type d'ordre, dans des travaux futurs, on vise à l'améliorer et l'étendre à quelle traite d'autres catégories de conflits

6.6 Conclusion

Dans ce chapitre nous avons présenté une technique générique permettant à l'utilisateur d'identifier les interactions entre les aspects. Par conséquent permet de détecter et résoudre les conflits entre ces différents aspects. La technique proposée est générique, vu qu'elle est indépendante des méthodes d'identification ou de composition des aspects utilisés. Exploite les dépendances générées par les opérateurs pour penser et examiner les interactions entre les aspects et utilise la spécification de la composition pour achever les rôles attribués au composant d'analyse des interactions entre les aspects. Particulièrement, la technique profite des dépendances générées par les opérateurs comme avant, après, autour et remplacer, et utilise la recherche de chemins hamiltoniens dans la fermeture transitive pour détecter les conflits potentiels.

Subséquemment, dans le chapitre suivant, nous détaillons notre approche précoce et générique duquel cette technique représente un noyau d'analyse des interactions, efficace et générique, des idées détaillées dans ce chapitre sont exploitées pour formuler l'approche générique.

7. Une approche générique pour l'analyse des interactions entre les aspects

7.1 Introduction

Les systèmes modernes s'exécutent dans des environnements très volatiles où les règles de gestion changent rapidement. Par conséquent, les systèmes doivent être faciles à adapter et évoluer. Si les préoccupations transversales ne sont pas correctement traitées aussitôt que possible dans le processus de développement, l'adaptation du système sera diminuée. Ainsi, le développement orienté aspect (AOSD) et son adjacent l'AORE proposent une solution élégante au problème de préoccupations transverses et introduit une nouvelle unité de modularisation : l'aspect. Malheureusement, malgré l'importance de ce nouveau concept, l'évolution et l'adoption de la technologie orientée aspect reste dépendante de développement de solution efficace au problème d'interaction entre les aspects. Le développeur doit être équipé par des outils, méthodes et techniques qui assistent à la détection de points d'interaction potentiels et aident à la détection et résolution de problème de conflits.

Dans ce contexte, nous détaillons dans ce chapitre notre approche d'analyse des interactions, qui adopte une stratégie de traitement d'interaction précoce et générique. En premier, nous rappelons les éléments de l'approche qui la suscitent générique, puis elle est détaillée par étapes, au fur à mesure, la difficulté d'analyse d'interaction et l'avantage d'adopter une vue générique et d'exploiter la sémantique des opérateurs de tissage est discuté. Enfin une modélisation par UML qui spécifie l'approche est présentée.

7.2 Les éléments de l'approche générique d'analyse :

Le problème d'interaction entre les aspects n'est pas un problème aisé, en réalité le développement de solution (outil et méthode et approche) qui permet leur traitement constitue le point clé pour l'AOSD .

176

Dans ce contexte, pour une meilleure prise en charge des interactions, nous proposons une approche d'analyse des interactions précoce et générique. Nous sommes convaincus qu'il est avantageux de développer une idée commune sur le traitement d'interaction des aspects basé sur les concepts communs, d'où il reste à toutes les approches d'implémenter la solution commune selon leurs mécanismes orientés aspect. Aussi, et comme il est préférable d'identifier les aspects tôt dans le cycle de développement, l'analyse de leur interaction doit être aussi précoce. Nous avouons que ce problème doit être, géré durant tout le processus du développement. Mais nous sommes persuadés que c'est durant les phases précoces qu'on doit développer des spécifications utiles à toutes les phases. Dans ce stade une solution générique peut être utile puisqu'elle peut être adaptée aux autres phases.

Les éléments essentiels de l'approche (voir la figure 7.1) sur lesquels se base l'approche et qui font d'elle une approche générique sont : le modèle d'analyse des interactions, la techniques générique d'analyse des interactions et la stratégie d'analyse.

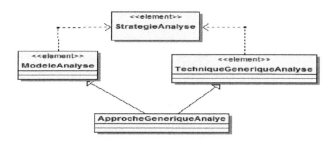

Figure 7.1 : les éléments de l'approche générique d'analyse

7.2.1 : le modèle d'analyse des interactions

Pour une meilleure prise en charge des interactions entre les aspects, une version initiale d'un modèle qui représente la vue subjective de la préoccupation traitement des interactions entre les aspects dans l'AORE a été présentée (chapitre05). Le modèle proposé maintient en évidence trois tâches élémentaires pour s'occuper des interactions entre les préoccupations transverses, encapsulées séparément dans les trois

177

composants du modèle : le composant d'identification et spécification des aspects, le composant d'analyse et le composant de composition. Aussi, le modèle met l'accent sur la nécessité de spécifier les préoccupations transversales par une spécification générique basée sur les concepts orientés aspect, utilisée par l'activité d'analyse ultérieurement et obtenir d'autres spécifications pour guider la composition ultérieurement. La figure 7.2 schématise la vue du modèle d'analyse des interactions sur le traitement des interactions entre les aspects. Le processus général du modèle est itératif, dû à la nécessité de rectifier les spécifications des préoccupations et corriger des erreurs exposées après avoir composé les différentes spécifications des exigences.

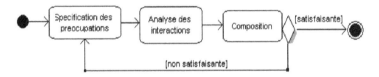

Figure7.2 : la vue du modèle d'analyse

7.2.2 : la technique générique de l'analyse des interactions

La technique générique d'analyse des interactions (présentées dans le chapitre 6) est une technique qui traite le problème d'interaction entre les aspects et permet d'identifier les conflits d'ordre entre les aspects et les résoudre tout en définissent un ordre entre les aspects en conflits et imposer un ordre d'exécution entre eux. Pour cela, la technique exploite les dépendances générées par les opérateurs de tissage pour raisonner sur l'interaction entre les aspects, utilise la recherche des chemins Hamiltoniens dans la fermeture transitive pour détecter les conflits potentiels. Les chemins Hamiltoniens obtenues définissent une solution correcte pour composer les aspects à condition que nous définissions les dépendances correctes.

178

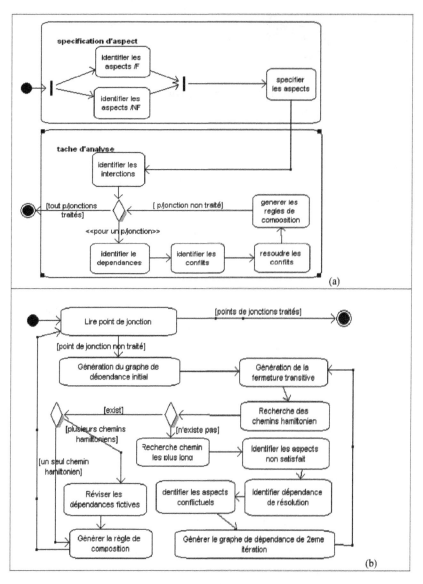

Figure7.3 : (a)la vue de la technique générique, (b) démarche générale de la technique

La technique a donc introduit de nouveaux concepts pour l'analyse des interactions: le graphe de dépendance, sa fermeture transitive, la recherche des chemins plus long et des chemins Hamiltoniens et aussi la notion de dépendance de résolution utilisée pour résoudre les conflits. La technique est générique essentiellement parce qu'elle exploite les dépendances générées par les opérateurs comme avant, après, autour et remplacer, utilise la spécification de composition des aspects pour réaliser des rôles attribués au composant d'analyse. Et fournit une sortie: les règles de composition attribuées aux points de jonction, qui peuvent être utilisées par différentes techniques de composition afin de correctement composer toutes les préoccupations ensemble. La figure 7.3(a) montre la vue de la technique générique sur le traitement des interactions entre les aspects. La figure 7.3(b) récapitule la démarche générale de la technique

7.2.3 : la stratégie d'analyse

La stratégie d'analyse consiste en ce que la spécification de composition (voir figure 7.4) doit être constituée de deux parties : une spécification de composition d'aspect attribuée à un aspect et une autre la règle de composition attribuée au point de jonction.

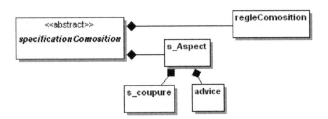

Figure7.4 : la vue de la stratégie

La spécification de composition est une spécification restreinte a l'aspect où et comment il coupe les modules de base, cependant les règles de composition sont une spécification plus englobante qui organise l'interaction des différents aspects interagissant au même point de jonction. Cela rend la spécification complète par rapport à l'aspect et complète par rapport au point de jonction. L'analyse d'interaction consiste donc à passer de la spécification de composition d'aspect à la spécification règle de composition, tout en intégrant un ensemble de dépendances organisant l'interaction aux points de jonction. Cette stratégie d'analyse est au cœur du modèle d'analyse et de la technique générique d'analyse d'interaction. Ainsi, pour un passage approprié et analogue l'aspect doit être spécifié par une spécification générique basée sur les concepts orientés aspect, composée de sa spécification de coupure et son advice.

7.3 Présentation de l'approche générique

L'approche générique d'analyse des interactions entre les aspects nommé cadre générique pour l'analyse des interactions entre les aspects : GFIA-Aspect (**G**eneric **F**ramework of **I**nteractions **A**nalysis between **Aspect**s), adopte une stratégie précoce et générique. Elle est proposée lors de la phase d'analyse des exigences. Comparée aux autres approches d'ingénieries des exigences orientées aspects, elle adopte une vue générique qui se base sur les concepts orientés aspects pour un traitement efficace des interactions, de manière à découpler le raisonnement sur l'interaction de la méthode et langage d'identification et composition des aspects, et surtout prévoir d'autres avantages pour l'analyse des interactions.

7.3.1 : l'approche d'analyse des interactions : comment est elle générique ?

Cette approche (voir figure 7.4) vise essentiellement à traiter les interactions qui sont classées dans cette approche à des interactions positives (dépendances) et des interactions négatives (conflits).Pour cela, l'approche exploite un ensemble de concepts et notions d'analyse introduits par la technique générique

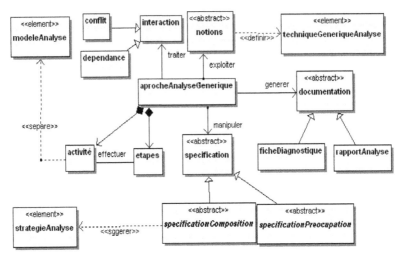

Figure 7.5 : L'approche générique d'analyse des interactions

L'approche effectue les tâches d'analyse séparées sur des étapes et manipule évidemment une spécification composée de spécification des préoccupations et spécifications de composition des aspects, tel que suggéré par la stratégie d'analyse. En outre, cette approche génère et propose une documentation à l'égard de l'utilisateur (l'analyste), qui est constituée principalement d'un rapport d'analyse et des fiches de diagnostics. L'approche est générique essentiellement parce qu'elle se base sur une technique générique d'analyse des interaction qui exploite les opérateurs de tissage et aussi au fait qu'elle est fondée sur un modèle d'analyse qui sépare les taches et découple la tâche d'analyse des tâches de spécification et composition d'aspects et sur une stratégie d'analyse qui suggère une spécification des aspects générique basée sur les concepts orientés aspect.

7.3.2 Documentation et spécification gérées

1. les spécifications utilisées

Afin d'aboutir a son objectif l'analyse des interactions, l'approche utilise évidemment une spécification composée de spécification des préoccupations et spécification de composition des aspects telles que suggéré par la stratégie d'analyse. La spécification des préoccupations spécifie les préoccupations qui sont classées dans cette approche asymétrique à des aspects et des bases, il est considérable qu'une base peut être aussi dans certain cas un aspect qui coupe d'autres bases. Nous spécialisons trois spécifications de préoccupation : s_Aspect, s_fonctionnelle et s_nonfonctionnelle qui spécifient séparément et respectivement les aspects, les préoccupations fonctionnelles et non fonctionnelles. Si une base (preocupation fonctionnelle) est à la fois un aspect, elle est spécifiée par les deux spécifications, s-fonctionnelle,s-Aspect) .

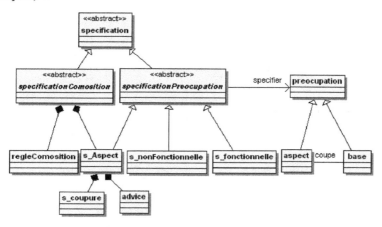

Figure7.6 : les spécifications manipulées

Tandis que, la spécification de composition offre les spécifications nécessaires à la composition tel que suggéré par la stratégie d'analyse, elle est composée des règles de composition qui concernent les points d'interaction (point de jonction) et des spécifications d'aspect qui concernent individuellement les aspects, celle-ci doit résider générique basée sur les concepts orientés aspect (voire la figure7.6).

2. Documentation gérées :

En outre cette approche génère et propose une documentation à l'usage de l'utilisateur qui sont le rapport d'analyse, et les fiches de diagnostic :

- **Le rapport d'analyse :** est un document sur lequel toute action d'analyse, d'identification d'interaction, de dépendance, de conflit et de résolution sont enregistré. Il capture donc tout le processus d'analyse, et permet une visualisation des graphes et chemins qui peuvent être annotés. Ce rapport peut être consulté, révisé, étudié, et imprimé par l'analyste. Il doit être explicatif et permettent des recherches et consultations sélectives.
- **Les fiches de diagnostics :** (aussi appelé carte de diagnostic) sont des cartes générées lors de la tâche de résolution.

Carte diagnostic	:	Code : ...... Date création :....	Par :.........	
Eléments impliqués				
		Aspect1	**Aspect2**	
Aspects impliqués	**Non aspect**	....	....	
	Code aspect :	....	....	
	Opérateur :	....	....	
Bases impliquées	**Non de la base :**	....		
	Code de la base :	....		
Description du problème	....			
Dépendances de résolution :	....			
Description de la solution		**justification**	**Source de la solution**	
☐ Dépendances identifiées	....	....	☐ Spécification de préoccupation	
☐ Dépendances interdites	....	....	☐ trade-off ☐ Connaissance du domaine	
☐ Dépendances supprimées	....	....	☐ autre (préciser)	
☐ Dépendances marquées Confiance=.....%	....	....		

Table 7.1 : modèle d'une fiche de diagnostic

Ces fiches sont établies afin de capturer et représenter les connaissances de résolution de l'analyste (le savoir faire) et on vise qu'elle soit réutilisé. La réutilisation des solutions n'est pas une problématique réellement traitée ici, mais, comme nous reconnaissons l'importance de structurer, représenter et réutiliser l'expérience de l'analyste sur la résolution, nous avons proposé cette version initiale d'une carte de diagnostic montrée dans table7.1, elle est conçue appuyée partiellement sur l'approche présentée dans [18].

7.4 Description par étape

Appuyée sur le modèle d'analyse des interactions, cette approche nécessite des activités préalables pour s'établir qui sont :
> Identification et spécification des préoccupations fonctionnelles,
> Identification et spécification des préoccupations non fonctionnelles et préoccupations transverses.

Egalement, l'approche nécessite des post-activités de vérification et validation. Le système sera composé tout en utilisant les règles de composition produites par l'activité d'analyse. Enfin, une fois que le système composé est validé, la priorité des préoccupations est adaptée et fixée en respectant les règles de composition et la spécification composée.

L'approche se résume donc dans les étapes/activités suivantes:

Etape 1: identification et spécification des préoccupations (fonctionnelles et non fonctionnelles (NFRs)).

Etape 2: identification et spécification des aspects

Etape 3: analyse des interactions entres les aspects: qui comprend les sous étapes/activités suivantes :

Etape 3.1 : détection des interactions entre les aspects.

Etape 3.2 : détection des dépendances entre aspects.

Etape 3.3 : détection et Résolution des conflits.

Etape 3.4 : génération des règles de composition.

Etape 4: composition des préoccupations aspects et bases

Etape 5: adaptation des priorités des préoccupations

Les étapes 1et 2 sont les pré-étapes de spécification, cependant les étapes 4 et 5 sont les étapes de vérification et validation des spécifications. Malgré la nature séquentielle apparente de l'approche, elle est en réalité itérative et incrémentale analogiquement au modèle d'analyse des interactions. C'est pour des raisons d'abstraction et de simplification qu'on présente comme suite d'étapes/ activités, ces étapes sont effectuées pendant chaque itération. Nous sollicitons le lecteur à examiner l'exemple exposé dans l'introduction générale, chapitres 05 et 06 comme une illustration générale par étape de l'approche.

7.4.1 Les pré-étapes de spécification

Elles se concentrent sur des tâches d'identification et spécification des préoccupations fonctionnelles, non fonctionnelles et également des préoccupations transverses. La figure 7.7 montre le processus d'identification et spécifications des différentes préoccupations. Les préoccupations peuvent être identifiées et spécifiées par plusieurs et différentes techniques, le choix d'approche d'identification est essentiellement régi par le type de préoccupation qu'elle se concentre sur son identification. Cependant actuellement Comme beaucoup d'autres méthodes, les préoccupations et exigences fonctionnelles dans cette approche sont capturées par des acteurs et leurs cas d'utilisation. Les préoccupations non fonctionnelles sont identifiées par la plateforme NFR. Bien que toutes ces approches utilisées a l'identification produisent des artéfacts de spécification, nous utilisons les tables (table 5.1 table 5. 2) décrites dans le chapitre 05 pour spécifier respectivement les préoccupations fonctionnelles et non fonctionnelles. Notant qu'il est possible de concevoir d'autres tables de spécification des préoccupations à condition qu'elles soient récapitulatives et permettent d'indiquer des relations de dépendances et de conflits entre eux.

Dans une approche basée sur les cas d'utilisation et leurs scénarios, beaucoup d'entre elles sont aspectuelles dans le sens où elles recoupent d'autres cas et scénarios. Ainsi, Les préoccupations fonctionnelles transverses sont identifiées après la structuration des cas d'utilisation. Un cas inclus dans plusieurs cas d'utilisation, ou qui s'étend à plus d'un cas d'utilisation, est identifié comme préoccupation fonctionnelle transverse. Une préoccupation non fonctionnelle qui contraint plus qu'une préoccupation est identifiée comme une préoccupation non fonctionnelle transverse. Nous utilisons le modèle de description d'aspect précédemment décrit dans la table5.5 (chapitre5) et la version plus raffinée décrite dans la table6.1 (chapitre6) pour leurs spécifications.

Figure7.7 : processus d'identifications et spécification des préoccupations

Nous faisons la remarque ici, que jusqu'à pressent notre approche identifie et sépare les préoccupations d'une manière asymétrique par une seule approche d'identification. Malgré cela, théoriquement, on peut intégrer d'autres méthodes et techniques d'identification, puisque le modèle de traitement des interactions sépare les tâches d'identification et d'analyse d'interaction, d'une part et d'autre part puisque les préoccupations transverses identifiées sont obligatoirement spécifiées par une spécification basée sur les concepts orientés aspect.

7.4.2 Les étapes d'analyse des interactions

L'approche générique de traitement d'interaction se concentre sur le traitement des interactions entre les aspects. Primordialement, elle les classifie à des interactions de type dépendance, positif et des interactions de type conflit, négatif. À leur tour les conflits sont de différentes sortes et peuvent prendre plusieurs formes, même à cette étape précoce, leur identification et résolution, n'est pas une tâche facile et aisée surtout au vu du grand manque d'outils, méthodes et techniques qui les traitent.

187

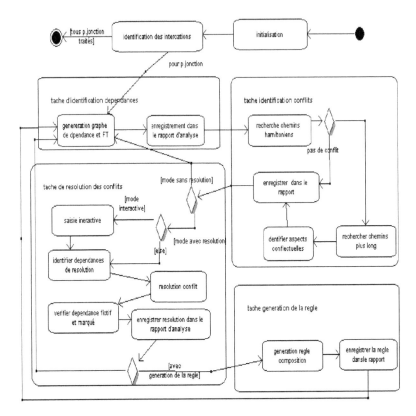

Figure 7.8 : la tâche d'analyse

Jusqu'à présent cette approche générique permet d'identifier et de résoudre les conflits d'ordre tout en se basant sur des notions d'analyse d'interactions introduites par la technique générique qui exploite les dépendances inférées par les opérateurs de tissage. Le diagramme d'activité ci-dessus illustre le processus général de la tache d'analyse et schématise les activités/étapes de l'analyse présentée par la suite.

7.4.2.1 la difficulté de l'analyse

Le problème d'interaction est un problème typiquement très difficile à résoudre, il est très difficile de raisonner sur tous les cas d'interactions des aspects, et donc plus difficile de raisonner sur leur dépendance et d'identifier tous les conflits potentiels qui s'émergent durant l'analyse de leur interaction. Pour une meilleure illustration de la difficulté de résolution considérons un cas d'exemple, l'exemple décrit dans [33,57] présenté dans le chapitre 2. D'où des aspects : journalisation, autorisation, filtre et encodeur coupent la préoccupation base : envoi des chaînes de caractère entre des objets et par conséquent ils sont en interaction et avec la base. La relation d'interaction peut être reporter sur un graphe G=(X,E) d'interaction (voir figure 7.9(a)) d'ordre |X|=n+base=5 (n=nombre d'aspects), un arc e=(x1,x2) dans ce graphe désigne que x1 interagie avec x2. Surement, ce graphe doit être régulier complet et fortement connexe. Puisqu'un aspect est en interaction avec tous les autres aspects outre la base sur laquelle il sera tissé.

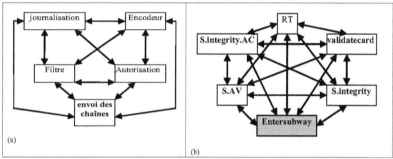

Figure7.9 : exemples de graphes d'interactions

La difficulté de raisonner sur les interactions s'expose donc lorsqu'on se demande combien de combinaisons de tissage des aspects doit on tester et raisonner sur elles pour examiner et envisager tous les cas d'interactions entre eux et avec la base ? L'analyste est donc obligé à tester sur ce graphe complet (N+1) ! Chemins Hamiltonien correspondant aux solutions ou combinaisons de tissage (puisque ils satisfont tous les aspects et la base). En effet un tel chemin n'est une solution acceptable et correcte que si tous ses ars constituants sont de type dépendance et non pas de type conflit. Dans l'exemple précédant (figure7.9(a)) le chemin : **journalisation ,encodeur, autoristion, envoi des chaine, filtrage** en titre d'exemple n'est pas une solution acceptable, comme les chaînes doivent être filtrées avant d'être envoyées par exemple(contient des arcs de type conflit). L'analyste et obliger a raisonner sur (n+1) ! Solution, dont une grande partie sont constitués de tous types de conflit et expose des comportements inappropriés plus qu'on peut imaginer. C'est vraiment très difficile et pénible, voir si cela est possible si on compte le nombre de base/point de jonction à analyser. Le pire est que si notre analyse d'interaction et dépendante de l'approche d'identification d'aspect et du langage de composition. Dans l'exemple précédant (figure7.9(a)) l'analyse et donc défier à tester 5 !=120 combinaison cependant 6 !=720 combinaison de tissage doivent être testées pour réfléchir sur tous les cas d'interactions pour l'exemple montré en figure 7.9(b), et cela reste valable pour autant d'exemples.

7.4.2.2 La technique générique : un noyau d'analyse des interactions efficace et générique

Une première solution d'analyse des interactions efficace et générique a été offerte par la technique générique qui introduisait des nouvelles notions pour l'analyse des interactions telles que le graphe de dépendance et dépendance de résolution. Cette technique rend la recherche des combinaisons de tissage sur un graphe de dépendance et sa fermeture transitive qui sont des graphes non complets, partiels du graphe d'interaction, dont les arcs sont tous des interactions de type dépendance. Ainsi l'analyse est plus facile et le nombre de combinaison de tissage à vérifier diminuera largement et toutes les combinaisons de tissage dans ce graphe forment des solutions de tissage correctes. Néanmoins la construction de tel graphe est un travail délicat. L'identification et le raisonnement s'ils sont des dépendances intelligibles, correctes n'est pas facile.

Avantageusement, bâties sur la technique générique de l'analyse qui constitue son noyau d'analyse, l'approche d'analyse des interactions, classifie les dépendances entre des dépendances inférées de type d'opérateur de tissage et des dépendances de résolution. Les dépendances générés par les opérateurs de tissage reflètent les concepts orientés aspect et par conséquent peuvent constituer un point de départ idéal pour l'identification des dépendances significatives et la résolution des conflits, indépendamment du langage de composition. Il permet donc de guider un processus d'analyse incrémentale, par lequel notre compréhension sur les dépendances, les conflits traités s'élargit. On peut interdire l'introduction d'une dépendance non correcte, comme en peut forcer le système à répondre par le comportement approprié en identifiant et spécifiant la dépendance significative.

7.4.2.3 des hypothèses sur l'utilisation de la technique

La figure 7.3(b) montre le processus générale d'analyse pour un point de jonction tel qu'il a été proposé par la technique, qu'on résume par l'algorithme ci dessous :

```
Algorithme processus d'analyse
Début
Lire points de jonction
Pour un point de jonction faire
Mettre passe=1
      -Génération du graphe de dépendance initial
      - Génération de la fermeture transitive
      - Recherche des chemins hamiltonien
      - Si pas de chemin hamiltonien
              - Recherche chemin les plus long
              - Identifier les aspects non satisfait
              - Identifier les aspects conflictuels
              - Identifier dépendance de résolution
              Fin si
Mettre passe=2
      - Insérer les dépendances de résolution
      - Générer le graphe de dépendance de 2eme
      itération
      -chercher chemins hamiltoniens
      - Générer la règle de composition
Réviser les dépendances fictives
Fin pour
fin
```

Afin de bien estimer comment l'analyse des interactions est bien guidée, par cette technique générique et trouver les meilleures façons d'exploiter, nous faisons ici des hypothèses sur son utilisation. La table 7.2 montre ces hypothèses qui sont :

	Analyse a une seule passe	Analyse a 2 passes
Analyse avec résolution de conflits	Non {risques}	Oui {tel que définie par la technique}
Analyse sans résolution de conflits	Oui {importante}	Non {non significatif}

Table7.2 : les hypothèses d'utilisation

- **Analyse à une seule passe avec résolution :** fusionne les étapes de résolution de conflits avec les étapes d'identification des dépendances et de conflit. Ce cas n'est pas accepté, puisque le graphe de dépendance, généré à une seule fois doit contenir toutes les dépendances, générées par l'opérateur de tissage ainsi que les dépendances de résolution, ce cas là, présente de grands risques d'introduire des dépendances de résolution non correctes qui produiront par conséquent des conflits. ce cas non guidé par une analyse préalable d'identification des conflits est donc refusé.

- **Analyse d'interactions sans résolution :** ici des étapes de résolution et de génération des règles de composition sont écartées et retardées, seules des étapes d'identification de dépendance et de conflits sont réalisées sûrement à une seule passe tel que montré dans l'algorithme. Ici, l'analyste n'est pas intéressé à résoudre actuellement ces conflits, mais plutôt à faire une première analyse de découverte de conflits pour bien consulter, étudier et imprimer le rapport d'analyse, et toutes les autres spécifications. Cette analyse est très importante comme, cela nous permet de corriger des erreurs dans les différentes spécifications avant même de commencer les tâches de résolution. Elle permette en outre de faire des recherches exhaustives ainsi qu'une compréhension claire sur les différents problèmes peut être atteinde. L'analyste est sollicité à introduire les dépendances de résolution en mode hors-analyse, non-interactive où délègue l'introduction à un outil automatique. Ces deux modes de saisie sont des modes rigoureux guidés par une analyse préalable de conflit. Notant que la saisie des dépendances peut ne pas être complète mais jointe aux parties bien comprises. il faut faire la remarque qu'ici il parait très important d'avoir une meilleure disponibilité et classification de nos connaissances de résolution de conflits, bien validé. Nous avons proposé le rapport d'analyse, et les fiches de diagnostic qui doivent être étudiées, mais il est important d'avoir d'autres sources pour la résolution tel que les connaissances du domaine (peuvent être représentées par une matrice de priorité), ou des cas d'interaction similaire.

- **Analyse à deux passes (avec résolution)** :(elle doit être avec résolution l'autre cas n'est pas significatif) c'est l'analyse comme suggéré par la technique. L'identification des dépendances de résolution est bien guidée par l'identification des dépendances générées par les opérateurs de tissage et par un processus d'identification de conflit et plusieurs modes d'utilisation selon le mode de saisie des dépendances de résolution et la génération des règles (voire la table7.3) sont possibles:

  - ➢ **Saisie hors-analyse des dépendances de résolution (automatique et manuel)** : précédemment discuté, il est le résultat d'une analyse préalable sans résolution. Spécialement l'analyste doit introduire les dépendances de résolution après une recherche exhaustive sur les conflits identifiéshors-analyse manuellement mais en peut aussi penser à la possibilité d'acquérir un outil automatique qui peut aider à cette tâche. Bien que la disponibilité de tel outil de saisie ne fût pas parmi les objectifs principaux de l'approche, on pense tout de même qu'il est intéressant que l'analyste puisse se laisser aider par une identification automatique des dépendances de résolution. cet outil fait une recherche et sélection des dépendances de résolution dans les différentes spécifications, fiches de diagnostic, et connaissance du domaine. Les dépendances de résolution identifiées dans ce mode automatique doivent être marquées pour une vérification ultérieure.

  - ➢ **Saisie on-analyse des dépendances de résolution** : la saisie des dépendances on-analyse interactive est une saisie interactive qui s'exécute lorsqu'un conflit d'ordre est identifié.

dans ce cas une boite de résolution est affichée. sur laquelle l'analyste peut consulter les spécifications de préoccupations, les fiches de diagnostiques, il réutilise une fiche de diagnostic si correspond au conflit traité ou crée une fiche de diagnostic spécifiant le problème et la solution (dépendance) suggéré. La boite est fermée et l'analyse continue pour d'autre cas de conflits. Ce mode parait rapide mais, il est important que les fiches de diagnostic demeurent cohérentes, car ces fiches de diagnostic sont un support à réutilisée.

	Analyse sans résolution de conflit	Analyse avec résolution et génération de la règle	Avec résolution et sans génération de la règle
Saisie dépendance de résolution on-analyse	*Non*	*Oui*	*Oui*
Saisie dépendance de résolution hors-analyse	*Oui* [saisie rigoureuse guidée par une analyse préalable]	*Oui* [pré condition une analyse sans résolution]	*Oui*
Saisie dépendances de résolution par défaut (automatique)	*Oui* [dépendance de résolution marquée]	*Oui* [dépendance de résolution marquée]	*Oui*

Table 7.3 : les modes d'utilisation de l'approche

7.4.2.4 *Etape d'identification des interactions des aspects*

Le processus d'analyse a commencé sur la demande de l'analyste. D'abord l'analyste peut procéder à une initialisation de l'analyse tel que choisir d'activer le mode de saisie interactive et retarder la création des règles de compositions, puis une activité/étape d'identification des interactions est exécutée, celle-ci est commune aux différents modes d'analyse. Elle fournit les points d'interactions (points de jonction) qui doivent être traités. En s'appuyant sur la technique générique, et le modèle d'analyse des interactions, cela est effectué par la création de la matrice de correspondance et l'attribution d'un point de jonction à chaque point de correspondance contenant plusieurs aspects. Les points de correspondance sont considérés comme les points idéaux qui identifient l'interaction entre les aspects par plusieurs approches d'AORE telle que [6.17,51,59] et qu'on partage avec elles.

7.4.2.5 *Etape d'identification des dépendances*

Cette activité/étape tend à identifier les dépendances significatives entre les aspects partageant le même point d'interaction. Précisément, cette étape/activité exploite les dépendances générées par les opérateurs de tissages pour créer un graphe de dépendance initial, et sa fermeture transitive qui contient toutes les dépendances initialement identifiées. Qui fournissent un moyen idéal commun aux approches orientées aspect, pour identifier les conflits et d'autres dépendances significatives. Les dépendances initialement identifiées représentées dans le graphe de dépendances sont annotées par leur type (transitive, fictif, avant, après,..) et sont enregistrées sur le rapport d'analyse qui peut être consulté. De même cette étape est partagée par tous les modes d'utilisation

7.4.2.6 *Etape d'identification des conflits*

Cette étape consiste à chercher les combinaisons de tissage (chemins hamiltoniens) dans le graphe de dépendance et sa fermeture transitive. Il est considéré l'existence d'un conflit si au moins un aspect/base n'est pas satisfait(ne s'exécute pas). Ainsi, similairement à la technique générique, les chemins plus longs sont trouvés et analysés pour identifier les aspects en conflits mutuellement non satisfaits. Dans un graphe de dépendance, on peut représenter l'absence d'un arc de type conflit par un arc (A1,A2) annoter **A1et A2** ce qui signifie que les deux aspects (besoins)doivent être satisfaits en même temps et ceci n'est pas possible. L'avantage dans l'identification des conflits et que celle-ci est bien guidée par un processus d'identification des dépendances inférés par les opérateurs de tissage ainsi on n'est pas obligé de raisonner sur des interactions et conflits (d'ordre) résolus par le type d'opérateur de tissage. Cette étape se termine par l'enregistrement des conflits identifiés sur le rapport d'analyse, et est accomplie dans tous les modes d'utilisation.

7.4.2.7 *Etape de résolution des conflits*

Cette étape est écartée dans le mode sans résolution et elle n'est exécutée que dans le mode avec résolution. Elle consiste à résoudre les conflits précédemment identifiés dans l'étape d'identification des conflits par identification et insertion des dépendances de résolution et similairement à la technique générique par la recherche des chemins hamiltoniens, dans le graphe de dépendance et sa fermeture de transitive régénérées incluant les dépendances de résolution. Puis une fois les chemins trouvés, toutes les dépendances fictives et marquées sont vérifiées essentiellement si plusieurs chemins sont trouvés. Le processus de vérification des dépendances fictives et marquées est réalisé sur la demande de l'analyste et peut être reporté ultérieurement avant la génération des règles de composition. En outre cette étape permet la saisie et l'identification des dépendances de résolution en mode on-analyse et en mode hors-analyse suite à une analyse préalable. Ces deux modes de saisie se complémentent. Ainsi le mode de saisie on-analyse permet de saisir des dépendances de résolutions non acquises ou de vérifier et réutiliser des dépendances précédemment saisies. Enfin toute action de résolution est enregistrée sur le rapport d'analyse.

7.4.2.8 *Etape de génération des règles de composition*

Cette étape se concentre sur l'objectif de génération des règles de composition. Elles sont donc générées automatiquement dans le mode avec résolution ou sur demande de l'utilisateur ultérieurement, si le mode sans génération des règles est activé. En réalité les deux modes se complémentent puisqu'il sera toujours indispensable une génération des règles, sur la demande de l'utilisateur pour pouvoir fusionner les règles de composition et obtenir des règles de composition de synthèse. Notant que la tache de génération des règles, n'est possible qu'après avoir vérifié les dépendances fictives et marquées, les règles générées sont spécifiées par des opérateurs lotos proposés par [35], ou simplement textuellement par les opérateurs : avant, après, autour et remplacé généralement utilisés dans les approches d'AORE. Pourtant, nous pensons qu'il est favorable d'avoir une modélisation visuelle des règles de composition pour une compréhension plus facile.

7.4.3   Les post étapes de composition

L'étape/tâche de composition a pour objectif la validation et la vérification de la spécification composée. C'est durant cette étape que l'analyste s'assure que la spécification composée par insertion des aspects aux modules de base est correcte. On doit pouvoir composer les différentes spécifications des préoccupations, et aussi différents diagrammes et modèles visuels plus faciles a comprendre modélisant le système en cours de construction. Cela peut être donné par plusieurs langages et techniques de composition, tel que : des techniques de composition basées sur le langage XML [8,23,51,9] et des techniques de composition des modèles UML [15,10,] ou par utilisation des langages typiquement orienté aspect tel que Aspectj, Hyperj , Compose*.

Mais, comparant, la tâche de composition à la tâche d'analyse des interactions, celle-ci et pareillement n'est pas facile et elle est très liée à la technologie et technique de composition, durant cette étape, l'analyste est soucieux par la production d'une spécification de composition correcte dont ses propriétés désirés sont : la préservation des propriétés spécifiés du système, à l'exception d'un comportement remplacé. Le tissage de nouvelles propriétés par l'aspect, tout en évitant l'interférence de comportements des différents aspects [10]. Dans la meilleure pratique, l'approche [10] a identifié les heuristiques généralisables qui soulignent que les aspects tissés par l'opérateur après ne doivent pas être désactivés par la base impactée et ils ne doivent pas désactiver ses successeurs directs. Les aspects tissés par l'opérateur avant, ne doivent pas désactiver la base impactée et ne doivent pas être désactivés par ses prédécesseurs directs. Et, enfin l'aspect appliqué par l'opérateur remplacer ne doit pas être désactivé par les prédécesseurs directs de la base impactée et ne doit pas désactiver ses successeurs directs.

Nous constatons que les règles de composition sont une spécification conforme à ces heuristiques pratiques. Encore, comme selon [10], Il est difficile de généraliser sur des conflits et les dépendances nécessaires non directement prédécesseurs ou successeurs de la base affectée, ces règles de composition produite par un processus d'analyse d'interaction deviennent une spécification indétournable et indispensable. Ils ont l'avantage d'être une spécification générique indépendante de la technique de composition et

197

qui organise l'interaction des aspects. Ainsi nous proposons leurs utilisation pour composer et ou moins guider un processus de composition réussi. De plus, nous prévoyons leur utilité pour des taches de vérification et simulation du système, puisqu'elles sont une spécification qui concerne tout le système indépendamment du langage de composition.

Notant que particulièrement l'analyste doit durant cette tâche observer et vérifier la validité de certaines dépendances subtiles non sûres marquées par un certain pourcentage de certitude. Une fois la spécification de composition correctement composée, Nous avons une compréhension claire et une vision complète et non ambiguë sur le système. On peut adapter la priorité des préoccupations, qui peuvent servir comme des connaissances du domaine, tout en respectant les règles de composition et la spécification composée, sinon des erreurs sont identifiées, des dépendances marquées son investiguées et étudiées, des corrections dans les différentes spécifications sont nécessaires.

7.5 Modélisation de l'approche : vers un support automatique

7.5.1 Objectif de la modélisation

Le modèle est une représentation abstraite et simplifiée d'une entité de la réalité avec un but spécifique tel que visualiser le système, mieux comprendre son comportement, permettre son analyse et sa vérification. Dans le cadre d'ingénierie des logiciels le modèle concerne un système qui n'existe pas encore, il permet de faciliter sa construction. Par conséquent, la modélisation de notre approche présentée dans cette section vise à clairement visualiser le comportement du futur support automatique de l'approche, et surtout spécifier d'une manière précise, détaillée sa structure et son comportement.

On a choisi comme langage de modélisation le langage de modélisation UML qui est avant tout un moyen de communication performant qui facilite la représentation et la compréhension des problèmes spécifiés dû à sa notation graphique et visuelle et aussi par l'aspect formel de sa notation décrite par un Meta modèle. Cette section est organisée suivant les trois points de vue classiques de modélisation : fonctionnel, statique et dynamique.

7.5.2 Modélisation fonctionnelle

En se basant sur le modèle de l'analyse des interactions, on reconnaît des besoins primordiaux de l'analyste (l'acteur principal) qui sont : spécifier, analyser et composer ils reflètent les étapes d'analyse. La tâche d'analyse ici est une analyse statique (parait comme un compilateur). De ce fait, les activités d'analyse ne sont pas directement invoquées par l'analyste elles sont capturées par des relations d'inclusion dans le diagramme de cas d'utilisation. Le diagramme de cas d'utilisation représente les besoins essentiels de l'analyste. D'autres besoins secondaires ne sont pas considérés, la précondition du cas d'utilisation analyser les interactions est de spécifier les préoccupations. Cependant les pré-conditions de générer les règles de composition sont de résoudre les conflits et vérifier les dépendances fictives. Enfin la pré-condition de la composition est la génération de règles de composition.

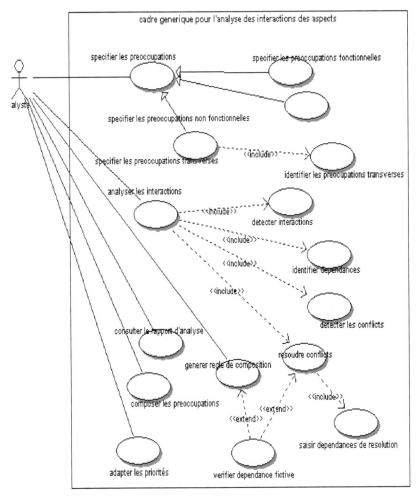

Figure 7.10 : La vue fonctionnelle de l'approche

7.5.3 Modélisation statique

Cette modélisation se concentre sur les entités du domaine et leurs relations logiques. Dans ce diagramme de classe (figure7.11) on a modélisé les relations les plus importantes entre ces entités (il n'est pas optimisé). On a introduit l'entité projet qui encapsule les informations nécessaires à la spécification, analyse et composition d'une étude de cas (projet). Nous avons introduit une classe spécification de préoccupation abstraite qui est implémentée par les trois type de spécifications précédemment discutés et nous avons indiqué leur séparation l'un de l'autre par une contrainte de partition. De même la contrainte totalité indique qu'une base peut être un aspect. Des classes génériques telles que graphe et chemin sont introduits pour généraliser des entités du domaine telles que graphe de dépendancfermeture transitive, chemin hamiltonien et chemin plus long.

e,

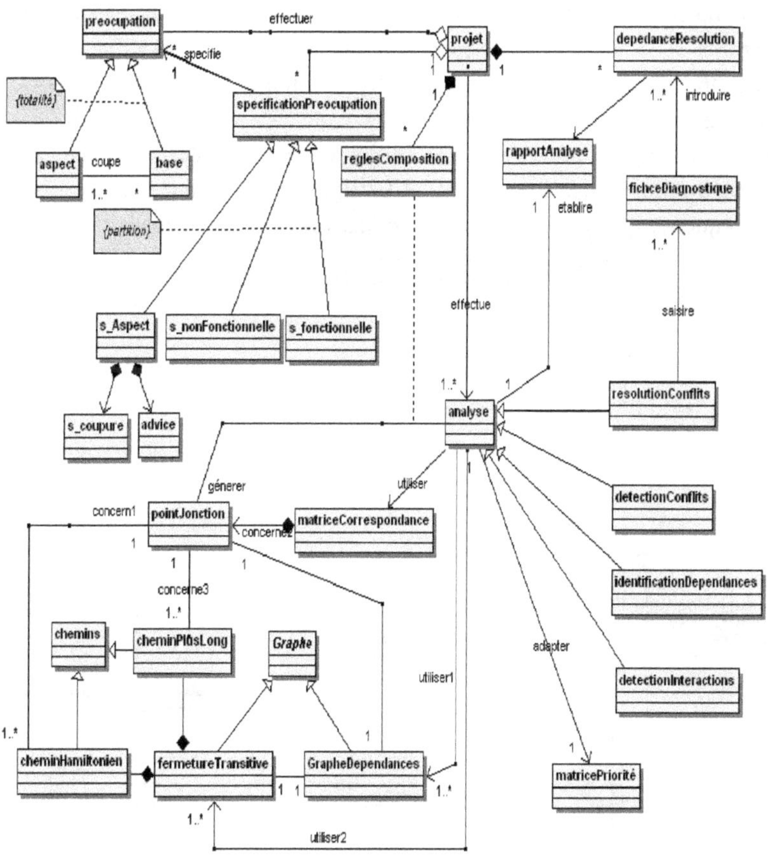

Figure 7.11 : la vue statique de l'approche

201

7.5.4 Modélisation dynamique

Le comportement global d'un système repose sur la communication entre les entités constituant le système et qui collaborent afin de réaliser leurs fonctions. Ainsi La vue dynamique de notre futur support automatique supportant l'approche est donnée en terme collaboration. On se limite seulement à modéliser les collaborations réalisant les tâches d'analyse. La figure (7.13) montre un diagramme de séquence qui spécifie le processus d'identification des interactions. La figure (7.14) montre Le diagramme de séquence qui spécifie l'étape/activité d'identification des dépendances. Cependant, les étapes/ activités d'identification des conflits, résolution de conflits et génération des règles de compositions sont spécifiées par des diagrammes de séquences respectivement montrés dans les figures 7.15 ,7.16 et 7.19.

Enfin, La figure (7.17) spécifie le mode de saisie des dépendances de résolution hors-analyse (manuel) et La figure (7.18) montre un diagramme de séquence qui spécifie la saisie on-analyse des dépendances.

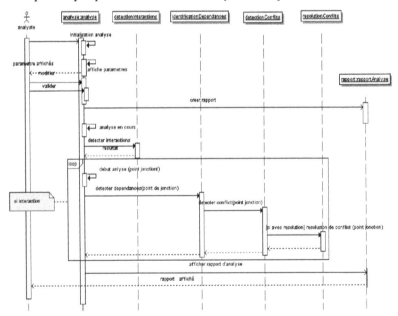

Figure 7.12 : la collaboration d'analyse

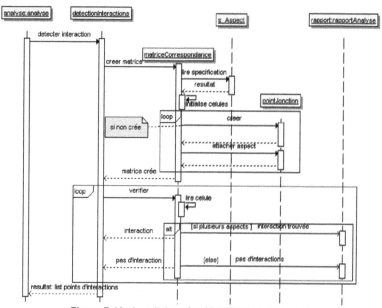

Figure 7.13 : la collaboration identification d'interactions

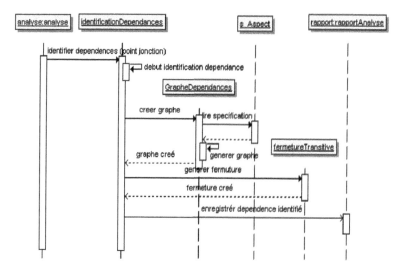

Figure 7.14 : la collaboration identification de dépendances

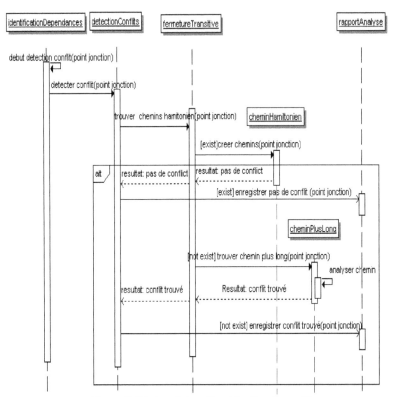

Figure 7.15 : la collaboration détection de conflits

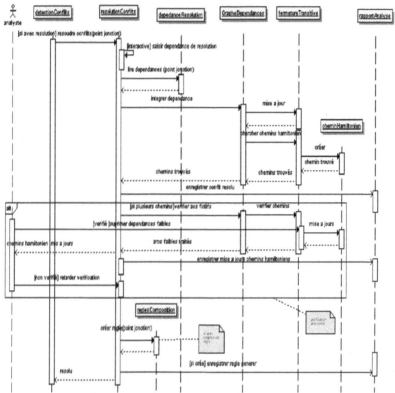

Figure 7.16 : la collaboration résolution de conflits :

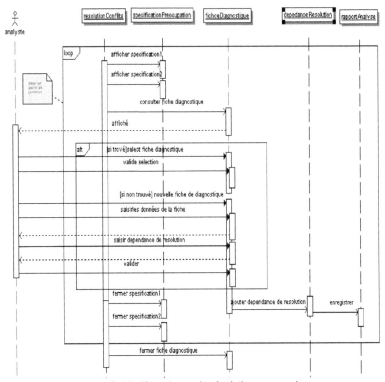

Figure 7.17 : Saisir dépendance de résolution : on-analyse :

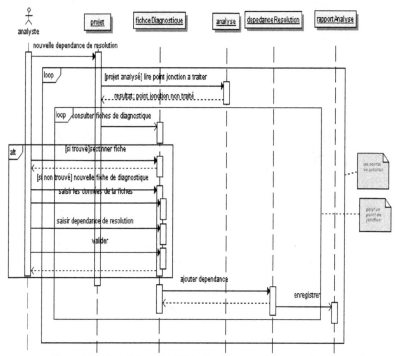

Figure 7.18 : la collaboration Saisir dépendance mode hors-analyse (manuel)

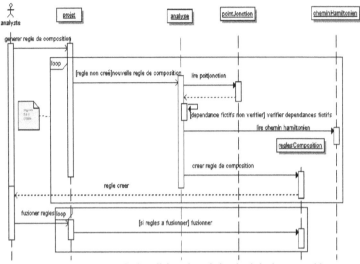

Figure 7.19 : la collaboration générer la règle de composition

7.6 Remarques et discussions

Apres l'illustration de notre nouvelle approche générique, nous estimant l'importance de discuter ses avantages. Cette discussion est initiale, nous reconnaissons que c'est par l'application de l'approche à beaucoup d'exemples et d'études de cas qu'on jugera la pertinence de ces avantages.

1- **Un processus d'analyse des interactions bien guidé :** généralement dans les approches d'AORE, ce sont les connaissances du domaine qui sont utilisées pour résoudre les conflits et identifier les dépendances (par attribution de priorité). Mais, réellement les connaissances du domaine ne sont pas suffisantes, surtout si on n'a pas assez de connaissances préalables sur un aspect nouvellement identifié. Dans plusieurs cas et afin de raisonner sur les conflits et dépendances, l'analyste tisse les aspects d'une manière subjective et aléatoire, sans justification sémantique jusqu'a aboutir à une composition correcte. Tandis que, notre processus d'analyse des interactions et résolution de conflits est mieux guidée par des mécanismes d'analyse tel que l'exploitation des dépendances générés par les opérateurs, la recherche des chemins

208

Hamiltoniens et l'introduction de dépendances de résolution motivées par des spécifications de préoccupations. davantage, cela permet d'améliorer nos connaissances du domaine concernant le traitement d'interactions. les points 2, 3 et 7 détailleront ce point.

2- **Identification des dépendances :** notre approche identifie les dépendances d'une manière incrémentale et compréhensive. Elles sont classées à des dépendances induites des operateurs de tissage qui reflètent les concepts orientés aspect et constituent un point idéal pour l'identification d'autres dépendances, et des dépendances de résolution, rigoureusement identifiées à partir des spécifications et qui peuvent être de plus marquées pour une vérification ultérieure.

3- **Identification et résolution des conflits :** notre approche permet de traiter les conflits d'ordre. Par définition, un conflit d'ordre est identifié si plusieurs aspects affectent le même point de jonction/base d'où un ordre de tissage doit être spécifié pour le résoudre. Contrairement, aux approches d'AORE qui souvent traitent le problème de conflit (y compris d'ordre) par l'attribution de la priorité, dans notre approche la recherche des chemins hamiltonien sur un graphe de dépendance qui satisfait tout les dépendances entre les aspects, permet de résoudre ce type de conflit et l'identification de l'ordre de tissage correcte. en plus, l'analyse des interactions et réalisé en référence à une base, c'est un point très important indiqué dans les approches multidimensionnelles [9,23]. Ainsi, dans notre approche, on reconnaît l'importance de la base pour le traitement des conflits et elle est pour cela explicitement et obligatoirement représenter dans le graphe de dépendance, par conséquent, on peut par exemple donner des priorités aux aspects, proportionnelles à la base dont laquelle l'interaction surgit. enfin, et comme l'analyse des conflits est guidée par un processus d'identification des dépendances inférés par les opérateurs de tissage, on n'est pas obligé à raisonner sur des interactions et conflits résolus par le type d'opérateur de tissage.

4- **Pas de résonnement transitif sur les interactions:** les dépendances transitives sont automatiquement identifiées dans la fermeture transitive du graphe de dépendance. C'est essentiellement par l'introduction de la base dans le graphe de dépendance qu'on a évité le résonnement transitive sur les dépendances et les conflits. il est bien connu que le raisonnement sur des conflits et dépendances transitives n'est pas une tâche simple, cela a été bien motionné dans l'approche MRAT [51] et l'approche [10].

5- **facilite la négociation des compromis :** analogiquement aux différentes approches d'AORE, notre approche tend aussi à faciliter par une approche orientée aspect, la négociation des compromis entre les exigences. Des approches [8,9] par exemple permettent de se concentrer sur des points essentiels à négocier par l'analyse des conflits aux niveaux d'exigences individuelles et éviter de négocier des conflits apparents mais en réalité influençant des besoins différents. Cependant dans notre approche, en exploitant les dépendances générées par les opérateurs de tissage qui indiquent la localisation a un point touchée. On évite la négociation de point de compromis évident résolu par la nécessité de satisfaire l'opérateur de tissage. Prenant par exemple l'exemple décrit dans [17], des aspects de sécurité et temps réponse interagisse ensemble (et avec la base « register vihicule »). nous savons que la sécurité contribue négativement avec le temps de réponse et ils ont la même priorité (élevé). l'analyse de compromis par notre approche n'a identifié aucun conflit d'ordre elle indique automatiquement qu'il faut réduire la priorité de Security. Intégration qui Chevauche après la base, l'aspect Security .confidentiality chevauche avant la base, il doit avoir la priorité la plus élevé que l'aspect temps de réponse qui enveloppe le cas d'utilisation register vehicle , la figure 7.19 montre le graphe des dépendances et la fermeture transitive de l'exemple ci-dessus.

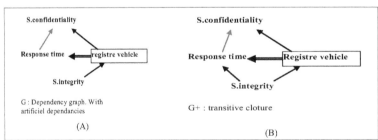

Figure 7.20 : aide à la négociation : (A)graphe de dépendance et (B) fermeture transitive de l'exemple

6- **une approche d'analyse des interactions générique et efficace :** (c'est l'avantage principal) dans notre approche nous essayons d'exploiter les concepts orientés aspect pour bâtir une approche d'analyse des interactions générique indépendante des langages et techniques d'identification des aspects et de composition. D'ailleurs, l'approche fournit des spécifications très utiles qui aident à la composition, sans être dépendante aux mécanismes structurels des langages de composition. Nous nous somme permet prédire l'efficacité de l'approche, particulièrement, parce qu'elle effectue l'analyse sur un graphe de dépendance qui diminue largement le nombre de solution à tester (ils sont les solutions supposées correctes). pour démontrer et exposer cette idée, supposant un graphe d'interactions complet de n sommets (n-1 aspects+ la base) dont le nombre maximum d'arc U= (n-1)* n et le nombre maximum de chemins hamiltoniens dans ce graphe est égale à n != n(n-1)(n-2) ! = U(n-2) !. aussi, supposant un graphe de dépendance partiel du graphe d'interaction dont le nombre d'arc est U', U'= U- α et α sont les arcs (de type conflit) qui n'appartientpas au graphe de dépendance. Ainsi, le nombre (maximum) de chemin hamiltonien dans le graphe de dépendance peut être écrit comme suit : U'(n-2) ! = U(n-2) !- α (n-2) !. Il est clair qu'il est inférieur au nombre de chemins hamiltoniens dans un graphe d'interaction et que le nombre de chemin à tester est réduit d'une manière factorielle (α (n-2) !). La table si dessus synthétise cette réduction pour le cas le plus simple (deux aspects en interaction) et pour les exemples montrés dans les figures 7.9(a), 7.9(b) pour deux cas α=1(un minimum d'arcs de conflit écarté) et α=n-1 afin de voir la grandeur de cette réduction

α	Le nombre d aspects+ base (n)	(α (n-2) !)
1	N=3	1
1	N=5	6
1	N=6	24
n-1	N=3	2
n-1	N=5	24
n-1	N=6	120

Table 7.4 : efficacité de l'analyse des interactions

7- **Processus d'analyse optimisé :** qui permet d'améliorer nos connaissances du domaine (concernant le traitement des interactions) à travers ces modes d'utilisation avec et sans résolution   puisque, il réduit le risque d'introduire des dépendances non correctes et particulièrement, le mode d'utilisation sans résolution insister sur la bonne investigation et exploitation des spécifications et connaissances actuellement disponibles. enfin, l'aspect générique de l'approche permet d'améliorer nos connaissances sur le traitement des interactions indépendamment des techniques d'identification des aspects et de composition.

8- Pourtant, il est très important que l'approche doive être étendu à traiter d'autres types de conflits tels que les conflits d'exclusion mutuels, une situation qui s'expose si on ne peut identifier une dépendance de résolution, ou des conflits d'exécution conditionnelle, d'où un aspect ne peut être satisfait indépendamment d'un autre (pas forcement identifié !) et enfin, il faut raffiner l'approche pour qu'elle puisse traiter les interactions dans des nivaux plus fines que le niveau de préoccupation (tel que le niveau de besoin individuelle) pour pouvoir identifier, analyser et gérer autant de conflits et d'interactions

7.7 Conclusion

Dans ce chapitre, nous avons exposé notre approche générique d'analyse des interactions entre les aspects. Nous avons expliqué comment elle est générique et nous avons présenté une modélisation par UML qui la spécifie clairement et explique comment cette approche permet à l'utilisateur (analyste) d'identifier les interactions entre les aspects, de détecter et de résoudre les conflits. Enfin, nous avons aussi discuté la difficulté de l'analyse des interactions et quelques avantages prévus de l'approche dont lesquelles son aspect générique, non dépendant de langage de composition et le plus important.

Conclusion générale :

Le développement orient aspect (AOSD) est une technologie émergente qui fournit un concept explicit pour encapsuler et moduler les préoccupations transverses qui coupent les composants du système. Bien que, l'orienté aspect améliore la qualité du logiciel au niveau modularité, La complexité des interactions entre les aspects et entre les aspects et les modules de base peut freiner l'évolution de ce nouveau paradigme et peut réduire la valeur de l'approche par aspects. L'ingénieur des logiciels doit être équipé par des moyens et méthodes d'identification et d'analyse des interactions entre les aspects. Il a besoin de systématiquement détecter et résoudre des conflits potentiels entre les aspects durant tout le processus de développement logiciel, afin de mieux raisonner sur eux et pouvoir les composer correctement avec les modules de base .

Actuellement, dans les travaux de recherche orientée aspect, le problème d'interaction entre les aspects a été traité en deux axes distincts.

- Des approches de test et de vérification formelles ont été proposées pour des programmes orientés aspect, Ces approches tardives reposent sur une spécification opérationnelle complète (programme) et généralement elles sont classées à des approches basées sur le model checking, d'analyse statique, et le tranchage (slicing)
- Des approches d'aspects précoces telles que d'ingénierie d'exigence par aspect qui proclame l'avantage du traitement précoce des aspects pour le développement par aspect.

Et donc, dans le cadre de notre travail, nous avons choisi le traitement précoce des interactions entre les aspects. Nous avons adopté par conséquent deux stratégies pour nous attaquer à ce problème difficile :

- **une solution générique pour le traitement d'interaction :** comme l'approche orienté aspect englobe plusieurs approches qui acceptent un ensemble de concept, ainsi il est avantageux de développer une idée commune sur le traitement d'interaction des aspects basé sur l'ensemble de concepts communs, il reste à toutes les approches d'implémenter la solution commune selon leurs mécanismes orienté aspect.
- **un traitement précoce du problème :** le problème d'interaction et de conflit entre les aspects est un grand problème. Comme il est préférable d'identifier les aspects tôt dans le cycle de développement, l'analyse de

213

leur interaction doit être aussi précoce. nous reconnaissons que ce problème doit être géré durant toutes les phases du développement, mais c'est durant les phases précoces qu'on doit développer des spécifications utiles à toutes les phases. Dans ce stade une solution générique peut être utile puisqu'elle peut être acceptée et adaptée aux différentes phases.

Enfin, notre travail consistait donc à proposer une approche et technique générique pour

- Détecter l'interaction, dépendance et conflit entre aspects
- Résoudre les conflits

Une première ébauche d'une approche d'analyse des interactions entre les aspects dans la phase d'analyse des exigences a été développée et proposée, résultant un article [67] soumis à la conférence : CEE -SECR 2009 et accepté. Cette approche est générale, utilise les concepts orientés aspect et se base sur la recherche des chemins Hamiltoniens pour la détection et résolution des conflits. Due à son exploitation des concepts orienté aspects, cette approche nommé GFIA-Aspect, représente un cadre général pour l'analyse des interactions entres les aspects, elle est initialement présentée dans le premier chapitre et est détaillée dans le chapitre7, toute en détaillant ces éléments qui la fait générique dans les chapitres 5 et 6. Particulièrement, le chapitre 5 explique le cadre général de son application et le chapitre 6 détaille la technique sur laquelle l'approche repose.

Cependant les chapitres 2,3 et 4 constituent notre lecture sur l'état de l'art du domaine. Au cours de chapitre2, consacré a l'AOSD, Nous avons présenté les concepts de base de l'AOSD, pourquoi l'orienté aspect est nécessaire dans le développement logiciel moderne et comment il contribue à l'amélioration des processus de développement modernes et comment les idées orientées aspects initialement émergées à la phase d'implémentation, ont été étendus sur toutes les phases du développement, des travaux récents tentent à généraliser et appliquer le concept d'aspect aux différentes phases du cycle de vie logiciel. Cette lecture nous a permit de formuler notre point de vue sur l'analyse des interactions entre les aspects. Ainsi, Comme notre contribution sera dans la phase d'analyse des exigences, le chapitre suivant (chapitre 03) a été consacré à donner une introduction à l'ingénierie des exigences orientée aspects, et observé comment le problème d'interaction a été pris en charge durant cette phase. Nous avons indiqué les caractéristiques des approches d'AORE qui motive notre choix d'analyser les interactions durant cette phase précoce, malgré que le problème de traitement de conflit durant cette phase reste un des défis que l'AORE tente de traiter. On a marqué une insuffisance et un grand manque en outils et méthodes ou en général en mécanisme d'identification et résolution, des compromis entre les aspects.

Ultérieurement, dans le chapitre 05 nous avons discuté et détaillé les approches d'AORE actuelles afin d'avoir une vus assez précise sur elles. On a détaillé les concepts de règles de composition, aspect, préoccupation, préoccupation transverse dans cette étape précoce et nous avons détaillé les mécanismes de séparation, de composition et surtout nous avons construit une conclusion sur comment ces différentes approches gèrent et traitent le problème de conflit entre les aspects, et cela nous a permit de discuter quelques points d'insuffisance, tel que le fort couplage de la tâche d'analyse des interactions à la tâche de composition des aspects souvent basée sur des références syntaxiques et l'utilisation et le recours à l'intuition où la connaissance du domaine qui n'est pas suffisante pour identifier les aspects et analyser leurs interactions. il faut noter que malgré que l'AORE pose le problème d'interaction comme un de ces objectifs à aboutir , pour pouvoir aider et guider le processus de développement orienté aspect, en réalité, ce problème reste actuellement un des problèmes qui ne soit pas réellement bien dressé[4]. Cela nous a amené à nous poser la question comment doit on s'occuper des interactions entre les aspects ? Nous nous somme concentré sur le problème d'interaction et nous avons proposé un modèle initial pour faire face aux interactions entre les aspects dans le chapitre 5.

Le modèle proposé est composé de trois parties principales : le composant d'identification et spécification des aspects, le composant d'analyse et le composant de composition. La première partie est constituée de l'identification et la spécification des préoccupations fonctionnelles, non fonctionnelles et les préoccupations transversales, nous supposons qu'il est indispensable de spécifier les préoccupations transversales, nous proposons l'utilisation d'un modèle de spécification qui encapsule la spécification de coupure et l'advice inséré aux points de jonction . Cette spécification constitue la spécification de composition d'un aspect, et elle est utilisée par l'activité d'analyse après. Le composant d'analyse encapsule

215

les tâches de: identification des interactions, identification des dépendances, détection et résolution des conflits et la génération des règles de composition. Aussi nous affirmons qu'il est nécessaire d'obtenir d'autres spécifications pour composer les aspects, celle-ci satisfait le comportement des aspects et les comportements de la base (point de jonction). Et aussi, satisfait les dépendances entre les aspects et avec la base (point de jonction). Cette spécification doit être abstraite et indépendante de la technique de composition. Enfin, le composant de la composition détient le rôle de validation et de vérification, il consiste à utiliser les règles de composition pour composer le système. Les idées initiales du modèle ont été publiées dans l'article [68] accepté à la conférence SEDE2010. Le modèle proposé constitue le contexte d'utilisation de notre approche proposée.

Subséquemment, et comme la tâche de l'analyse est très dure et difficile, nous devons développer des techniques d'analyse efficaces qui répondent à des besoins spécifiques tels que: trouver toutes les solutions possibles pour composer les aspects, réutiliser nos expériences sur la résolution des conflits, bénéficier de techniques génériques d'analyse des interactions entre les aspects, qui ne sont spécifiques ou liées à aucune des techniques de composition et d'identification des aspects.

Dans le chapitre 6, nous nous somme intéressé à la tâche d'analyse nous avons présenté une technique générique permettant à l'utilisateur d'identifier les interactions entre les aspects, détecter et résoudre les conflits entre ces différents aspects. La technique proposée est générique, vu qu'elle est indépendante des méthodes d'identification ou de composition des aspects utilisés, elle exploite les dépendances générées par les opérateurs pour penser et examiner les interactions entre les aspects, et utilise la spécification de la composition pour achever les rôles attribués au composant d'analyse des interactions entres les aspects. Particulièrement, la technique profite des dépendances générées par les opérateurs comme avant, après, autour et remplacer, et utilise la recherche de chemins hamiltoniens dans la fermeture transitive pour détecter les conflits possible. La technique a été expliquée et validée en plusieurs articles essentiellement dans [69,70] et [64,65,66]. Notre approche est considérée générique, puisqu'elle essentiellement repose sur cette technique générique.

Enfin, dans le chapitre 7 nous avons détaillé notre approche d'analyse des interactions. En premier nous avons expliqué comment elle est générique, puis on a présenté la spécification et documentation qu'elle gère et ses différents modes d'utilisation. En outre d'avoir décrit son processus par étape, nous avons établit une modélisation et spécification par des diagrammes UML qui la spécifie précisément, cette modélisation est donnée selon les trois points de vue classiques de la modélisation : fonctionnelle, statique et dynamique. Enfin durant cette présentation nous avons aussi discuté la difficulté de l'analyse des interactions et quelques avantages prévus de l'approche dont lesquelles son aspect générique, non couplet aux langages de composition est le plus important.   Cette discussion reste initiale, comme c'est par l'application de l'approche à beaucoup d'exemples et d'études de cas qu'on jugera   pratiquement la pertinence de ces avantages.

En perspective de ce travaille, nos objectifs futurs les plus pressant et insistant porteront sur   l'élaboration d'un support pour l'approche et la technique générique, et l'application de l'approche dans plusieurs autres cas d'études pour l'expliquer d'avantage et juger ces avantages.

Nos perspectives également se concentrent sur les points suivants :

➢ le raffinement   et l'application de l'approche à un niveau de granularité plus fin que le niveau de préoccupation (tel que le niveau de besoin individuelle), pour qu'elle puisse traiter, analyser et gérer autant de conflits et d'interactions.

➢ l'intégration et l'application de l'approche générique dans les différentes catégories d'approches orients aspects : Les approches orientées aspects basées point de vue, Les approches orientées aspect basées objectif, Les approches orientées aspects basées sur les scénarios et scénario des cas d'utilisation, les approches de séparation multidimensionnelles de préoccupations, des approches orientées aspect à base de composants et les autres approches , pour prévoir les avantages   que la vue générique de traitement d'interactions peut apporter a eux. Particulièrement on s'intéresse à l'intégrer à l'approche thème / UML[38] et développement orienté aspect avec des cas d'utilisation (Aspect-Oriented Software Development with Use Cases)[58], qui représentent actuellement les processus de développement orienté aspect les plus connus, sans négliger les autres approches importantes comme l'approche Scenario Modelling with Aspects (approche de modélisation des scénarios avec les aspects)[50], Aspect Oriented Ingénierie des Exigences avec Arcade[8], ..ect

➢ Actuellement, appuyé sur la technique générique, cette approche identifie et résout des conflits de type d'ordre, dans des travaux futurs on vise a étendre l'approche par d'autres techniques génériques non dépendantes de langage de composition ou étendre la technique elle-même pour qu'elle prend en charge d'autres catégories de conflits tel que les conflits de **spécifications transverses** d'où des points de jonction accidentelles et la récursivité accidentelle peuvent surgir, des conflits de type **Base-aspect,** des conflits de type **Préoccupation** qui se produit lorsque des préoccupations influencent l'exécution ou l'état des autres préoccupations(si possible au niveau d'abstraction actuel), sans oublier les autres types de conflits **Aspect-aspect** (*exécution conditionnelle , Exclusion mutuelle , Conflit d'ordre dépendant du contexte dynamique*).

En corrélation avec les perspectives concernant notre approche générique, nos perspectives futures portent aussi sur :

➢ l'amélioration de la technique générique sur la quelle l'approche s'appuis et on note aussi l'importance particulière de l'enrichir pour traiter les conflits d'exclusion mutuels qui s'expose si on ne peut identifier une dépendance de résolution, Ou des conflits d'exécution conditionnelle, d'où un aspect ne peut être satisfait indépendamment d'un autre (pas forcement identifié !).

➢ et comme nous avons séparé nos préoccupations pour ne s'intéresser qu'à une seule préoccupation dans l'ingénierie des exigences orientée aspects : comment traiter les interactions ? nous visons et reconnaissons l'importance de développer un modèle d'analyse des interactions plus générale, qui considère par exemple la séparation multi dimensionnelle des préoccupations, qui permettra de bien comprendre le problème d'interaction et améliorera évidement son traitement.

Enfin, notre ultime perspective est de pouvoir étendre notre approche générique d'analyse des interactions et ses éléments , le modèle d'analyse, la technique d'analyse des interaction et la stratégie d'analyse des interactions aux autres phases précoces et l'appliquer à l'analyse des interactions des aspects précoces.

Annexe

Appendixes :Glossary with Common AOSD Terminology

Advice	An advice is an aspect element, which augments or constrains other concerns at join points matched by a pointcut expression.
Aspect	An aspect is a unit for modularising an otherwise crosscutting concern.
Composition	Composition is the integration of multiple modular artefacts into a coherent whole.
Concern	A concern is an interest, which pertains to the system's development, its operation or any other matters that are critical or otherwise important to one or more stakeholders.
Crosscutting	Crosscutting is the scattering and/or tangling of concerns arising from the inability of the selected decomposition to modularise them effectively
Crosscutting Concern	A crosscutting concern is a concern, which cannot be modularly represented within the selected decomposition. Consequently, the elements of crosscutting concerns are scattered and tangled within elements of other concerns.
Decomposition	Decomposition is the breaking down of a larger problem into a set of smaller problems which may be tackled individually.
Join Point	A join point is a point of interest in some artefact in the software lifecycle through which two or more concerns may be composed.
Join Point Model	A join point model defines the kinds of join points available and how they are accessed and used.
Pointcut	A pointcut is a predicate that matches join points. More precisely, a pointcut is a relationship from JoinPoint -> boolean, where the domain of the relationship is all possible join points
Scattering	Scattering is the occurrence of elements that belong to one concern in modules encapsulating other concerns.

Separation of Concerns	Separation of Concerns is an in depth study and realisation of concerns in isolation for the sake of their own consistency (adapted from "On the Role of Scientific Thought" by Dijkstra, EWD 447).
Tangling	Tangling is the occurrence of multiple concerns mixed together in one module
Tyranny of Dominant Decomposition	The Tyranny of the Dominant Decomposition refers to restrictions (or tyranny) imposed by the selected decomposition technique (i.e. the dominant decomposition) on software engineer's ability to modularly represent particular concerns.
Weaving	Weaving: Historically this term is used to refer to the composition of aspects with other concerns in the system. See composition.

References:

[1]   The Aspect-oriented Software Architecture Design portal :

       Http://trese.cs.Utwente.nl/taosad/aosd.htm

[2]   AOSD homepage, HTTP://WWW.AOSD.net

[3]   E.Beniassad, P.C.Clements, J.Araujo, A.Moriera, A.Rachid, B.Tekmerdogan,
       2006, "Discovring early aspects" ; IEEE Software, e3[1]:61-70

[4]   J. Araujo, E.Baniassad, P.Clements, A.Moriera, A.Rachid, B.Tekinerdogan,
       "Early aspect: the current landscape", Technical Report , Lancaster university
       February, 2005 .

[5]   J.Araujo, P.Cautinho, "Identifying aspectual use cases using a view point-
       oriented requirements method", In Early Aspects 2003 aspect-oriented
       Requirements Engineering and Architecture Design, Boston USA 2003.

[6]   I. Brito, A. Moreira, "Towards a composition process for aspect-oriented
       requirements" , Proceeding of AOSD'03 Workshop on Early Aspects: Aspect
       oriented Requirements Engineering and Architecture , March 17, Boston
       USA. 2003.

[7]   A.Rachid, PSwer, A.Moreira and J.Araujo, "Early aspect: a model for Aspect-
       Oriented Requirements Engineering" in International conference on
       Requirements Enginnering (RE).2002,Essen, Germany : IEEE

[8]   A. Rachid, A.Moreira and J.Araujo/ "Modulaisation and composition of
       Aspectual Requirements". In 2and International conference on Aspect
       Oriented Software Development (AOSD). 2003 Bostan, USA: ACM.

[9]   A. Moreira, J. Araujo, and A. Rashid, "A Concern-Oriented Requirements
       Engineering Model," presented at Conference on Advanced Information
       Systems Engineering (CAiSE'05), Porto, Portugal, 2005.

[10]   K. Mehner,M. Monga G. Taentzer , "Interaction Analysis in Aspect-Oriented
       Models", pp.69-78, 14th IEEE International Requirements Engineering
       Conference (RE'06), 2006.

[11]   Bergmans, "Towards Detection of semantic conflicts between crosscutting
       concerns", AAOS 2003, Darmastadt, Germany

[12]   H. Ossher and P. Tarr. "Multi-Dimensional Separation of Concerns and The

References:

Hyperspace Approach", *In* Proceedings of the Symposium on Software Architectures and Component Technology: The State of the Art in Software Development. Kluwer, 2000

[13]   A. Moreira, J.Araujo, I. Brito, "Cosscutting quality attributes for requirements engineering", (SEKE 2002), ACM Press, Italy, july 2002

[14]   H. L. Ossher , P. L. Tarr, "Operation-Level Composition: A Case in (Join) Point ", ECOOP '98 Workshop Reader, Springer Verlag. LNCS, 1998

[15]   J.Araujo, A.Moreira,I.Brito, A. Rachid, " Aspect oriented requirements with UML", Workshop: Aspect-Oriented Modelling with UML ,UML 2002,Dresden,Germany . October 2002.

[16]   J. Brichau, T. D'Hondt, "Introduction to Aspect-Oriented Software Development", AOSD-Europe, 30August 2005.

[17]   I. Brito ,A.Moreira. "Advenced separation of concerns for requirements enginnering" , VIII jornadas de ingenieria de Software y bases de datos (JISBD), Alicande,Spain,12-14 november 2003.

[18]   F.sanen,E.Truyen,B.D'win,W.Joosen,N.Loughran,G.Coulson,A.Rachid,A.Nedos,A.jackson,S.clark," Study on interaction issus", AOSD-Europe, 28 February 2006.

[19]   B.Tekmerdogam, A.Moreira, J.Araujo, Pclemnts,Early Aspects : Aspect-Oriented Requirements Enginneering and Architecture Design: Workshop Report AOSD 2004 TR- CTIT-04-44 ,119PP University of twente Dep of Computer science , October 2004.

[20]   G.Sousa,S.Soares,PBorda and J.Castro, Separation of crosscutting Concerns from Requirements to Design: Adapting an use case Driven Approach . In proceedings of the 3rd Workshop on Early Aspects, 3rd international conference on Aspect-Oriented Software Development, March 2004.

[21]   Xerox corporation, Aspectj Programming guide, available from: Http://eclipse.org/Aspectj

[22]   R.douance , P,Frader, " detection and resolution of aspect interactions" ,INRIA technical report N°RR 4435 April 2002

[23]   A. Moreira, J. Araujo, and A. Rashid, "Multi-Dimensional Separation of Concerns in Requirements Engineering," presented at Requirements Engineering Conference (RE 05), Paris, France, 2005.

References:

[24]   G. Kiczales, "Tutorial on Aspect-Oriented Programming with AspectJ", FSE 2000

[25]   G. Kiczales, AspectJ: "Aspect-Oriented Programming Using Java Technology", presented at JavaOne Conference, 2000.

[26]   G. C. Murphy, R. J. Walker, E.L.A. Baniassad, M.P. Robillard, A. Lai, M. A. Kersten, "Does Aspect-Oriented Programming Work?", *Communications of the ACM*, vol. 44, no. 10, pp 75- 77, October 2001.
       Disponible à : l'URL : http://www.deepdyve.com/lp/association-for-computing-machinery/does-aspect-oriented-programming-work-k4MU9MX0P9

[27]   J. Andrés Díaz Pace and Marcelo R. Campo, "Analyzing the Role of Aspects in Software Design", *Communications of the ACM*, vol. 44, no. 10, pp 67-73, October 2001.

[28]   K. van de Berg, J.maria Conejero, R. Chitchyan "AOSD Ontology 1.0: Public Ontology of Aspect Orientation", Report of the EU Network of Excellence on AOSD , 2005

[29]   G. Kiczales, J. Lamping, A. Mendhekar, C. Maeda, C.V. Lopes, J.M. Loingtier, J. Irwin, "Aspect-oriented Programming", In Proceedings of the European Conference on Object-Oriented Programming (ECOOP), LNCS 1241, Springer-Verlag, 1997

[30]   M. Storzen , J.Krinke, S.Breu, 'Trace analysis for aspect application', AOS2003, Darmstadt,Allemangne.

[31]   W. Havinga, I.Nagy, L. Bergmans, M. Aksit: A graph-based approach to modeling and detecting composition conflicts related to introductions. AOSD 2007: 85-95

[32]   N.Weston, F.Taiani, A. Rashid, «Interaction Analysis for Fault-Tolerance in Aspect-Oriented Programming", in procedeeng of 2007 workshop on methods,models, and tools for fault tolerance

[33]   G. Denaro, M. Monga, « an expérience on verification of aspect Proprties »,International work shop on Principles of software Evaluation,Sept,2001.

[34]   F.tessier,L.Badri,M. Badri, « Towards a formal detection of Semantics conflits between Aspect : a model based approch », AOM workshop (7th

References:

UML conference),2004.

[35] I.Brito, A. Moreira," Integrating the NFR framework in a RE model", In proceedings of the 3rd Workshop on Early Aspects, 3rd international conference on Aspect-Oriented Software Development, March 2004.

[36] J.Hannemann, R.Chitchyan.R.Awais, « Analysis of Aspect-Oriented software » AAOS, 2003, Darmstadt, Almagne

[37] R. Faure, B.Lemaire et C. Picouleau. « *Précis de Recherche Opérationnelle - Méthodes et exercices d'application* », 5e édition. Dunod.

[38] E. Baniassad , S. Clarke, "Theme: An Approach for Aspect-Oriented Analysis and Design," presented at International Conference on Software Engineering, 2004.

[39] E. Baniassad , S. Clarke, Finding Aspects In Requirements with Theme/Doc, In proceedings of the 3rd Workshop on Early Aspects, 3rd international conference on Aspect-Oriented Software Development, March 2004

[40] R.Chitchyan, A. Rashid, R. Waters,I. Brito, A. Moreira, J.Araujo,"Requirements-Level Aspectual Trade-Off Analysis Approach", Report of the AOSD-Europe -Network of Excellence on AOSD, 23 February 2007.

[41] J. Brichau, M. Haupt, "Survey of Aspect-oriented Languages and Execution models", Report of the EU Network of Excellence on AOSD by (editors), 2005.

[42] S. Katz, "A Survey of Verification and Static Analysis for Aspects", Report of the EU Network of Excellence on AOSD, 2005.

[43] The official site of multidimensionnelle séparation of concerns : http://www.research.ibm.com/hyperspace/MDSOC.htm

[44] The official site of adaptive programming : http://www.ccs.neu.edu/research/demeter/

[45] Adaptive Object-Oriented Software: The Demeter Method with Propagation Patterns, Author: Karl Lieberherr, Publisher: PWS Publishing Company, ISBN: 0-534-94602-X, Year: 1996.e

[46] The official site of composition filters : http://trese.cs.utwente.nl/oldhtml/composition_filters/

References:

[47]   L. Bergmans , M. Aksit. Composing crosscutting concerns using composition filters. Comm. ACM, 44(10):51–57, Oct. 2001.

[48]   Y. Yu, J. C. S. d. P. Leite, J. Mylopoulos, "From Goals to Aspects: Discovering Aspects from Requirements Goal Models," presented at International Conference on Requirements Engineering, Kyoto, Japan, 2004.

[49]   J. Whittle, J. Araujo, and D.-K. Kim, "Modeling and Validating Interaction Aspects in UML," presented at AOSD Modeling With UML Workshop (located with UML 2003), San Francisco, USA, 2003.

[50]   J. Whittle and J. Araujo, "Scenario Modeling with Aspects," *IEE Proceedings Software*, vol. 151, pp. 157-172, 2004

[51]   R. Chitchyan, A. Rashid, P. Rayson, and R. Waters, "Semantics-Based Composition for Aspect-Oriented Requirements Engineering," in *Sixth International Conference on Aspect-Oriented Software Development*. Vancouver, British Columbia, Canada: ACM Press, 2007

[52]   A. Sampaio, N. Loughran, A. Rashid, and P. Rayson, "Mining Aspects in Requirements," presented at Early Aspects 2005: Aspect-Oriented Requirements Engineering and Architecture Design Workshop (held withAOSD 2005), Chicago, Illinois, USA, 2005.

[53]   R.Chitchyan, A.Rashid, P.Sawyer, A. Garcia, M.P. Alarcon , J. Bakker, B.Tekinerdogan , S.Clarke, A.Jackson ,"Survey of Analysis and Design Approaches", Report of the AOSD-Europe -Network of Excellence on AOSD , 18 May 2005.

[54]   A. Sampaio, A. Rashid, P. Sawyer, S. Shakil Khan, "Initial Version of Aspect-Oriented Requirements Engineering Model", Report of the AOSD-Europe - Network of Excellence on AOSD 14 february 2006,

[55]   Dong Ha Nguyen , M. Südholt, "Property-preserving evolution of components using VPA-based aspects". In *4th ECOOP'2007 Workshop on Reflection, AOP and Meta-Data for Software Evolution (RAM-SE)*, 2007.

[56]   E. Katz, S Katz, " **Incremental analysis** of **interference among aspects"**. In FOAL '08,

[57]   E. Katz, S Katz, W. Havinga, Tstaijen, N. Weston, F.Tiani,R.Awis, Dong Ha Nguyen , M. Südholt, « Detecting Interference among Aspects », Report of the AOSD-Europe -Network of Excellence on AOSD 18 february 2007,

References:

[58]   I. Jacobson , "use case and aspect-working seamlessly together", journal of object technology, vol 2: 7-28, 2003.

[59]   A. Sardinha, J. Araújo, A Moreira ,A. Rashid,"Conflict Management in Aspect-Oriented Requirements Engineering", Information Sciences and Technologies Bulletin of the ACM Slovakia, Vol. 2, No. 1: 56-59, 2010 .

[60]   R. Chitchyan, I. Sommerville, A. Rashid, "CoCA: A Composition-Centric Approach to Requirements Engineering" , International Conference of Requirements Engineering, paris, France, 2005

[61]   J. Araujo and A. Moreira, "An Aspectual Use Case Driven Approach," presented at VIII Jornadas de Ingeniería de Software y Bases de Datos (JISBD), Alicante, Spain, 2003.

[62]   J. Grundy, "Aspect-oriented Requirements Engineering for Component-based Software

Systems". Proceedings of the 4th IEEE International Symposium on Requirements Engineering, Limerick, Ireland, IEEE CS Press, pp. 84-91, June 1999.

[63]   S. M. Sutton Jr. and I. Rouvellou, "Modelling Software Concerns in Cosmos". Proceedings of the 1st International Conference on Aspect-Oriented Software

Development (AOSD), Enschede, The Netherlands, ACM Press, pp.127-133, April 2002

[64]   AMEL BOUBENDIR, ALLAOUA CHAOUI, " ON ANALYSING INTERACTIONS BETWEEN ASPECTS AT REQUIREMENTS PHASE ",Journal of Theoretical and Applied Information Technology,   Vol 18. No. 2 – 2010.

[65]   *Amel Boubendir, Allaoua Chaoui* , " Dealing with aspect interaction: Thinking for generic based specification solution", Journal of Networking Technology, Volume: 1 , Issue: 3 (September 2010), Page: 126-137.

[66]   *Amel Boubendir, Allaoua Chaoui* , " Dealing with aspect interaction: Thinking for generic based specification solution", Journal of E-Technology, Volume: 1 , Issue: 4 (November 2010) , **Pages: 208 -221. Print ISSN: 0976-3503, Online ISSN: 0976-2930**

[67]   A.Chaoui, A.Boubendir," An approach to analyse interactions between aspects at requirement phase" , CEE-SECR , 2009.

References:

[68]   A.Boubendir, A.Chaoui,"Toward a model for dealing with aspect interactions at Aspect requirement Engineering" SEDE, USA,2010

[69]   Amel Boubendir, Allaoua Chaoui: Towards a generic technique for analysing interactions between aspects at requirement phase. ICDIM 2010: 507-512

[70]   A.Boubendir, A.Chaoui," Toward a generic technique for analysing interactions between Aspects at requirement phase", the third international conference on the applications of digital information and web technologies ICADIWT, turkiye, 2010